KB075151

부는 어디에서 오는가

월러스 워틀스 지음

김주리 옮김

올리버

월러스 위틀스Wallace D. Wattles

이 책은 철학서나 논문이 아니다. 실용적으로 활용할 수 있는 안내서다. 돈이 절실하게 필요한 사람들, 철학적인 이유는 차치하고서라도 먼저 부자가 되어 돈을 벌고 싶은 것이 목표인 사람들을 위해 썼다. 지금까지 돈과 관련된 철학적인 사상을 깊게 공부할 시간이나 수단 혹은 기회는 거의 없었지만, 그와 관련된 과학적 결론을 원하고, 그 결론이 어떻게 나왔는지에 대한 과정까지는 아니더라도 과학적 해결법을 배워 행동 원칙으로 삼고 싶은 사람들을 위한 책이다.

우리가 마르코니나 에디슨이 발표한 전기 현상에 대한 법칙을 믿는 것처럼 이 책을 읽는 독자들이 책에서 제시하는 돈을 벌 수 있는 기본 원리를 확고하게 믿어주길 바란다. 이 기본 원리를 받아들인 다음에는 두려워하거나 주저하지 말고 행동으로 옮겨 이 책의 내용이 진실임을 증명하라. 이 방법을 따르는 사람이라면 누구나 반드시 부자가 될 것이다. 책에 적용된 원리는 정확한 과학이기 때문에 결코 실패할 수 없다. 하지만 철학적 이론을 연구하고 논리적 기반을 확보하고 싶은 독자들을 위해 몇 가지 근거 자료를 제시해보도록 하겠다.

하나가 전부이고 전부가 하나라는 일원론적 우주론은 하나의 물질이 물질세계에서 모습을 바꾸어 다양한 원소로 자신을 나타낸다는 원리다. 힌두를 기원으로 하는 이 사상은 지난 200년 동안 서구 세계에서 서서히 발전해왔다. 일원론적 우주론은 모든 동양 철학의 기초이며, 데카르트, 스피노자, 라이프니츠, 쇼펜하우어, 헤겔, 에머슨 등의 사상에도 근간이 되었다.

나는 이 책을 누구나 이해하기 쉽도록 간단하게 쓰려고 노력했다. 책에서 제시하는 행동 계획은 철학적 이론을 토대로 철저한 검증과 실생활에서 강도 높은 실험을 통과한 결과나. 부자가 뇌는 성공적인 결실을 맺고 싶다면 이 책을 읽고 꼭 그대로 실천해 보기를 바란다.

제1장

누구나 부자가 될
권리가 있다

아무리 가난을 미덕이라고 말하며 칭찬하더라도, 사실 부유하지 않으면 진정으로 완전하고 성공적인 삶을 누릴 수 없는 것이 현실이다. 충분한 돈 없이 사람의 재능이나 영혼의 발전을 최대치로 끌어내기는 쉽지 않다. 영혼을 일깨우고 재능을 계발하려면 많은 물질적인 것들을 활용해야만 하고, 이 물질적인 것을 얻으려면 돈이 필요하다.

사람은 여러 가지 사물을 이용하여 몸과 마음을 발전시

키고 영혼을 고양시킨다. 그리고 우리가 살아가는 사회 구조상 사물을 소유하려면 반드시 돈이 필요하다. 그렇기에 인간이 발전을 이루는 근본 이치는 부자가 되는 비밀을 아는 것에서 비롯된다.

살아 있는 모든 생명체의 목적은 성장과 발전이며, 모든 생명은 자신이 달성할 수 있는 발전에 대한 양도할 수 없는 권리가 있다. 그 권리란, 몸과 마음과 영혼의 완전한 성장을 위해 필요한 모든 것을 제한 없이 자유롭게 사용함을 의미한다. 다시 말해 모든 인간은 부자가 될 권리가 있다는 뜻이다.

이 책에서 말하는 '부'란 비유적인 의미가 아니다. 진정으로 부유하다는 것은 적은 것에 만족하지 않는다는 뜻이다. 더 많은 것을 충분히 이용하고 즐길 수 있는 능력이 있다면 결코 적은 것에 만족해서는 안 되기 때문이다. 자연의 목적은 삶의 성장과 발전이며, 인간이라면 누구나 풍요롭고 아름다우며 고귀하고 힘 있는 삶을 영위하는 데 필요한 모든 것을 가질 권리가 있다. 더 적은 것에 만족하는 것은 죄악이다.

자신이 원하는 삶을 살고 원하는 모든 것을 소유한 사

람이 부자다. 돈이 충분하지 않으면 원하는 것을 손에 넣지 못한다. 인간의 삶은 지금껏 많은 변화와 발전을 겪으며 전례 없이 복잡해졌다. 그래서 평범한 사람들조차 일정 수준 이상의 삶을 살려면 많은 돈이 필요하다. 사람은 누구나 본능적으로 자신이 가진 잠재력을 최대로 발휘하고 싶어 한다. 자신의 가능성을 실현하려는 욕구는 인간 본성에 내재된 것이기 때문이다. 그래서 우리는 계속 더 나은 존재가 되고자 하는 욕망을 추구한다. 성공이란 자신이 원하는 사람이 되는 것을 말한다. 이를 위해서 우리는 물질적인 것들을 이용해야 하는데, 물질의 자유로운 이용은 경제력이 뒷받침되어야만 가능하다. 따라서 부자가 되기 위한 과학을 이해하는 것은 모든 지식 중에서도 가장 필수적이고 중요한 것이다.

부자가 되기를 바라는 마음은 전혀 잘못된 것이 아니다. 부자가 되고 싶은 욕망은 더 풍요롭고 완전한 삶을 바라는 마음에서 비롯된다. 사실 이러한 욕구는 칭찬받아 마땅하다. 오히려 더 풍요롭고 부유한 삶을 갈망하지 않는 사람이 비정상이다. 원하는 모든 것을 갖추기 위한 경제력을 바라지 않는 것 역시 비정상이다.

우리는 인생을 살며 세 가지 목적, 몸과 마음과 영혼의 성장과 발전을 위해 살아간다. 이 중 어느 하나도 다른 것들보다 우월하거나 고귀한 것은 없다. 세 가지 요소들은 똑같이 중요하며, 몸과 마음과 영혼 세 가지 중 어느 하나라도 부족하면 나머지 두 가지도 완전할 수 없다. 몸과 마음을 돌보지 않고 영혼만을 위해 사는 것도, 몸과 영혼을 등한시하고 마음만을 위해 사는 것도 잘못된 일이다.

우리는 마음과 영혼을 돌보지 않고 육체만을 위해 살아가는 것이 어떤 끔찍한 결과를 초래하는지 잘 알고 있다. 진정한 삶이란 몸과 마음과 영혼을 통해 인간이 발휘할 수 있는 모든 기능을 온전히 실현하는 것을 의미한다. 아무리 부정해도 몸이 건강하지 않고 제대로 기능하지 않는다면 진정한 행복과 만족을 느끼기는 어려울 것이다. 마음과 영혼도 마찬가지다. 몸과 마음과 영혼 중 어느 한 곳이라도 제대로 실현하지 못한 가능성이나 능력이 남아 있다면 욕망은 충족되지 않는다. 욕망은 내면의 가능성과 능력이 완벽하게 발현되어야만 충족되기 때문이다.

사람은 좋은 음식, 편안한 옷, 따뜻한 보금자리 없이는 완전한 삶을 영위할 수 없다. 과도한 노동에서 벗어나지 못할 때 역시 마찬가지다. 적당한 휴식과 여가는 건강한 신체적 삶에 꼭 필요하다.

또한 사람은 독서와 연구를 위한 시간, 여행하고 관찰하는 기회, 지식을 교류하는 동반자 없이는 정신적으로 완벽한 삶을 지탱하기 어렵다.

정신적으로 풍요로운 삶을 살려면 지적인 활동도 필요하다. 우리는 언제든 즐기고 감상할 수 있는 예술작품과 아름다움으로 삶을 채워야 한다.

영혼이 충만해지려면 사랑을 하며 살아야 한다. 하지만 때로 가난은 사랑이 온전히 표현되는 데 걸림돌이 되기도 한다.

인간에게 가장 고차원적인 행복은 사랑하는 사람들에게 베푸는 행동에서 찾을 수 있다. 사랑은 누군가에게 베풀 때 가장 자연스럽고 자발적으로 표현된다. 아무것도 베풀 것이 없는 사람은 훌륭한 배우자, 부모, 시민이자 한 인간으로서 완전히 바로 서기 힘들다. 인간은 물질을 사용하면서 육체적으로 완전한 삶을 살고, 마음을 발전시키고, 영혼을 일깨운다. 그러니 부자가 되는 것은 무엇보다 중요하다.

부자가 되기를 바라는 마음은 너무나 당연하다. 평범한 사람이라면 누구나 부유해지기를 원한다. 그래서 사람이라면 누구나 부자가 되는 비밀에 귀를 기울인다. 부자가 되는 과학은 고귀하고 필수적인 공부다. 이 공부를 등한시한다면 자신은 물론 신과 인류에게 허락된 의무를 다하지 못하는 것이나 다름없다. 가장 풍요롭고 충만한 삶을 누리는 것이야말로 신과 인류에 대한 가장 큰 봉사이기 때문이다.

제2장

부자가 되는
과학

부자가 되는 과학적인 방법은 대수학이나 산수처럼 정확하다. 세상에는 부를 얻는 과정을 관장하는 일정한 법칙이 있다. 그 법칙을 배우고 실천하는 사람은 누구든 분명 부자가 될 수 있다.

돈과 재산은 특정한 방식으로 행동하였기 때문에 얻어지는 결과다. 이 특정한 방식을 따르는 사람은 의도적이든 아니든 부자가 되지만, 그렇게 행동하지 않은 사람은 제아무리 열심히 일하고 능력이 뛰어나도 가난에서 벗어나지 못한다.

같은 원인은 언제나 같은 결과를 불러오는 것이 자연의 법칙이다. 그러므로 이 특정한 방식을 배우고 실행하는 사람은 누구든 틀림없이 부자가 될 수 있다.

앞에서 한 말이 진실이라는 근거를 살펴보겠다.

부자가 되는 것은 환경의 문제가 아니다. 환경이 문제라면 같은 지역에 사는 모든 사람이 똑같이 부자여야만 할 것이다. 어떤 도시에 사는 사람들은 모두 부자이고, 어떤 도시에 사는 사람들은 모두 가난해야 할 것이다. 어떤 나라의 국민은 풍족하게 살고, 어떤 나라의 국민은 가난을 면치 못해야 이치에 맞을 것이다.

하지만 세상 어딜 가든 부자와 가난한 사람은 같은 환경에서 공존하며 살아간다. 직업이 같아도 마찬가지다. 같은 지역에서 같은 일을 하는 두 사람 중 한 사람은 부유해지고 다른 한 사람은 계속 가난하다면 결국 부자가 되는 것은 환경과는 큰 연관이 없는 것이다. 물론 사업을 할 때 특성 환경이 유리할 수는 있다. 하지만 같은 지역에서 같은 일을 하는 두 사람 중 누구는 부자가 되고 누구는 실패하는 것을 보면, 결국 부자가 되는 것은 특정한 방식으로 행동한 결과를 의미하게 되는 것이다.

특정한 방식으로 행동하는 능력이 재능에만 좌우되는 것도 아니다. 훌륭한 재능을 지닌 많은 이들이 가난을 면치 못하거나 타고난 능력 없이도 부자인 사람이 많기 때문이다.

부자들을 연구해보면 그들이 보통 사람과 별반 다르지 않다는 점을 알 수 있다. 뛰어난 재능이 있는 것도, 능력이 대단히 탁월한 것도 아니다. 그들이 부자가 된 이유는 남다른 재능이나 능력 때문이 아니라 특정한 방식에 따라 행동했기 때문이다.

단순히 검소하다고 해서 부자가 되는 것은 아니다. 매우 인색한 사람들이 가난하고, 흥청망청 돈을 탕진하는 사람들이 부자인 경우도 많다.

다른 사람이 하지 못한 일을 해낸다고 해서 부자가 되는 것도 아니다. 같은 사업을 하는 두 사람이 거의 똑같은 일을 하면서도 한 사람은 부자가 되고 다른 한 사람은 가난해지거나 파산하는 경우도 많다.

이 모든 사실을 고려해보면, 부자가 되는 것은 특정한

방식으로 행동함에 따라 일어나는 결과라는 결론을 내릴 수밖에 없다.

부자가 되는 것이 특정한 방식으로 행동한 결과로써 일어나는 일이고, 같은 행동은 항상 같은 결과를 가져온다는 자연법칙을 종합해보면, 특정한 방식으로 행동하는 사람은 누구나 부자가 될 수 있다는 결론이 나온다. 그리고 이 모든 것은 과학적 법칙처럼 명확하다.

혹자는 이 특정한 방식이 너무 어려워서 소수의 사람만 배울 수 있는 게 아닌가 하는 의문을 제기할지도 모른다. 그러나 앞에서 살펴본 바와 같이 타고난 재능은 관계가 없다. 재능 있는 사람도, 멍청한 사람도, 지적이고 영리한 사람도, 무지몽매한 사람도 부자가 된다. 건강한 사람도 부자가 되고 병약한 사람도 부자가 된다.

물론 어느 정도의 사고력과 이해력은 필요하겠지만, 이 글을 읽고 이해할 정도의 능력이라면 누구든 부자가 될 수 있다는 말이다.

또한 앞에서 살펴본 것과 같이 부자가 되는 것은 환경과도 관련이 없다. 물론 지리적 위치가 중요한 역할을 하는 경우도 있다. 사하라 사막 한가운데에서 성공적인 비즈니

스를 논하는 사람은 없을 테니 말이다. 부자가 되려면 사람들과 거래를 해야 하고, 거래할 사람들이 있는 곳에 속해 있어야 하기 때문이다. 상대방이 내가 원하는 방식대로 거래하기를 선호하는 곳이라면 더욱 좋겠지만, 환경의 영향은 거기에서 그칠 것이다.

내 주변 누군가가 부자가 될 수 있다는 것은 당신도 부자가 될 수 있다는 뜻이다. 같은 나라에 사는 누군가가 부자가 되었다면, 당신 역시 부자가 될 수 있다.

다시 말하지만 부자가 되는 것은 특정한 일이나 직업과 관련된 문제가 아니다. 어떤 일, 어떤 직업에서든 부자가 될 수 있다. 하지만 같은 일을 하는 이웃 사람은 가난에서 벗어나지 못한 채 살아가기도 하는 것이다.

자신이 좋아하고 적성에 맞는 일은 탁월한 성과를 끌어낸다. 그리고 그 일에 필요한 재능을 발전시켜서 잘 활용할 수 있다면 더 훌륭한 결과를 얻을 수 있다.

지리적 특성 역시 좋은 성과를 내는 데 중요하다. 아이스크림 가게는 그린란드보다는 날씨가 온화한 지역에서 더 성황일 것이고, 연어잡이는 연어가 잡히지 않는 플로리다 지역보다는 북서부에서 더 잘될 것이다.

하지만 이러한 일반적인 제약을 제외하면, 부자가 되는 것은 특정한 업종에 종사한다고 해서 가능한 것이 아니라 '특정한 방식'을 따라 행동하는 것에 좌우된다. 같은 업종에 종사하는 다른 사람은 돈을 많이 벌고 있는데 자신만 쪼들리는 상황이라면, 그것은 내가 다른 사람과 같은 방식으로 일하지 않았다는 뜻이다.

자본이 부족해서 부자가 되지 못하는 것이 아니다. 물론 자본이 있으면 더 쉽게 빨리 부자가 될 수 있다. 하지만 자본이 풍족한 사람은 이미 부유하기 때문에 부자가 되는 방법을 구태여 고민할 필요도 없다.

아무리 가난하더라도 특정한 방식에 따라 일한다면 부자가 되고 자본이 쌓이기 시작할 것이다. 자본을 획득하는 것은 부자가 되는 과정에서 얻는 결과 중 하나다. 특정한 방식을 따른 성과의 일부인 것이다.

심각한 가난과 빚에 허덕이고 친구도 영향력도 재능도 없는 사람이어도 상관없다. 특정한 방식으로 행동하기 시작한다면 누구나 반드시 부자의 길로 들어설 것이다. 같은 행동을 하면 같은 결과를 불러오는 것이 자연의 섭리인 것처럼 말이다. 자본이 없으면 생길 것이고, 잘못된 업종에서 일하고 있다면 좋은 곳으로 옮기게 될 것이다. 지리적 위치가 부적절하다면 바꾸면 된다. 현재 속한 업종과 지역에서 성공을 향한 항해를 시작하자. 특정한 방식을 배우고 따라 하면 성공의 길이 열린다는 것을 명심하라.

제3장

부자가 될 기회는
소수의 독점인가

부자가 될 기회를 빼앗겼거나 누군가 부를 모두 독점하고 있어서 가난을 면치 못하는 사람은 없다. 물론 어떤 업종은 진입하는 것 자체가 불가능한 경우도 있지만 다른 길은 언제나 열려 있다. 예를 들어, 거대한 철도 산업에 뛰어들어 성공하기란 여간 힘든 일이 아닐 것이다. 철도 분야는 이미 상낭 부분 독섬화되어 있기 때문이다. 반면에 전기 절도 사업은 이제 막 성장해 가는 단계로 수많은 사업 기회가 열려 있다. 또 앞으로 몇 년만 지나면 항공 운송업이 대규모 산업으로 발전해서 관련된 분야에 수십만, 아니 어쩌면 수백만 명의 일자리를 제공할지도 모른다. 증기 철도 산업에서 J. J. 힐 등의 거대 경쟁업체에 맞서는 대신, 새롭게 떠오르는 항공 교통 산업에 주목해보는 것은 어떨까?

현실적으로 철강 회사에서 일하는 노동자가 자신이 속한 공장의 소유주가 될 확률은 희박하다. 하지만 그가 특정한 방식으로 생각하고 행동한다면 공장의 소모품 신세에서 벗어나 새로운 관점으로 눈을 돌려볼 수도 있다. 10~40에이커 정도의 농지를 매입해서 식량 생산자로 사업을 시작해보는 것이다. 크기가 작은 땅이라도 집약적으로 농작물을 재배하는 사람에게 큰 기회가 열려 있는 시대다. 이 사람들은 반드시 부자가 될 것이다. 당장 땅을 구매하는 것이 불가능하다고 생각할 수도 있지만, 책에서 말하는 특정한 방식대로 일하면 반드시 원하는 목적을 이룰 수 있다.

시대의 변화에 따라 기회의 물결도 다르게 흐른다. 이 흐름은 전체 사회의 필요성과 사회의 발전 단계에 따라 달라진다. 현재 미국은 농업 및 농업과 관련된 산업과 직종으로 기회의 물결이 향하고 있다. 공장 노동자보다 농부에게 훨씬 더 많은 기회가 열려 있다. 공장 노동자를 지원하는 사업보다는 농업 분야를 지원하는 편이 기회의 변화에 편승하는 길이고, 노동 계급에 서비스를 지원하는 직종보다는 농부를 대상으로 하는 전문 직종에 더 많은 기회가 열려 있다.

시대의 흐름에 역행하지 않고 변화의 물결을 따르는 사람에게는 풍부한 기회가 주어진다. 예컨대 공장 노동자들은 개인으로서나 노동 계급 전체로서나 기회를 박탈당한 것이 아니다. 경영자들에게 억압당하거나 회사와 자본 세력에게 착취당하고 있는 것도 아니다. 노동 계급 전체가 그 자리에서 벗어나지 못하는 이유는 특정한 방식으로 일하지 않았기 때문이다. 노동자들이 특정한 방식을 따른다면 벨기에나 다른 국가들의 모범 사례를 익혀 대형 백화점과 협동조합을 설립하고, 노동 계급에서 관료를 선출하여 협동조합 산업의 발전을 지원하는 법률을 통과시킬 수도 있다. 몇 년 안에 순조롭게 해당 산업 분야를 점유할 수도 있는 것이다.

특정한 방식으로 일하기 시작하던 노동사 계급노 언제든 경영자 계층으로 올라갈 수 있다. 부의 법칙은 계층을 막론하고 모든 사람에게 적용되기 때문이다. 노동자들은 이 법칙을 배워야 한다. 현실에 안주하고 변화를 꾀하지 않으면 노동 계급에서 벗어날 수 없다. 노동자 개개인은 자신이 속한 계급의 무지나 무기력에 휩쓸리지 않고 기회의 흐름을 따라 부자가 될 수 있다. 이 책에서 그 방법을 가르쳐 줄 것이다.

자원의 공급이 부족해서 가난한 사람은 없다. 자원은 모든 이들에게 넘칠 정도로 풍부하다. 미국에서 생산되는 건축자재만으로도 지구상의 모든 개개인의 집에 워싱턴 국회의사당 같은 웅장한 저택을 지을 수 있다. 또 미국에서 집약적으로 재배한다면 모직, 면, 리넨과 실크를 생산하여 전 세계 사람들이 솔로몬 왕이 재임 시절 입었던 호화로운 옷들보다 더 좋은 소재의 옷을 매일 입을 수 있을 것이다. 음식도 지구 곳곳의 모든 이들이 매일 풍족한 식사를 할 수 있을 정도로 충분한 양을 생산해낼 수 있다. 우리 눈에 보이는 공급도 넘칠 정도로 풍족하지만, 보이지 않는 공급은 그 이상으로 무한하다.

세상에 존재하는 모든 것은 하나의 근원 물질에서 만들어졌고, 모든 사물은 이 물질에서 창조된 것이다.

새로운 형태가 끊임없이 만들어지면서 오래된 형상들은 사라지지만, 사실상 이 모든 것은 모두 하나의 근원 물질에서 만들어진다.

무형의 근원 물질의 공급은 무한하다. 우주는 이 물질에서 만들어졌지만, 우주를 만들 때 모든 근원 물질을 다 사용한 것은 아니다. 눈에 보이는 우주 곳곳을 채우는 모든 공간과 틈새마다 근원 물질들이 스며들어 가득 채워져 있다. 이 근원 물질은 모든 창조물의 근원이 되는 원재료이며, 이제껏 지구상에 만들어진 모든 것들보다 1만 배 더 많은 양이 이 근원 물질에서 더 창조될 수 있다. 그러고도 근원 물질의 공급은 고갈될 일이 없다.

그러므로 어떤 사람도 자연이 풍족하지 못하거나 혜택이 모두에게 돌아갈 만큼 충분하지 않아서 가난한 것이 아니다.

자연은 무한한 부와 풍요로운 자원의 저장고이고, 이 공급은 결코 고갈되지 않는다. 근원 물질은 창조적인 에너지로 가득 차 있어서 끊임없이 다양한 형상을 만들어낸다. 건축자재가 소진되면 더 많은 재료가 만들어지고, 식량과 옷감 원료를 재배하는 토양이 황폐하더라도 토양이 재생되거나 새로운 토양이 또 만들어질 것이다. 지구상의 금과 은을 모조리 다 캐냈는데도 인간이 여전히 금과 은이 필요한 사회적 발전 단계에 있다면 근원 물질은 더 많은 금과 은을 생산할 것이다. 무형의 근원 물질은 인간의 필요에 반응하기에 원한다면 부족함 없이 계속 좋은 것을 만들어줄 것이다.

이것은 인류 전체에게 해당하는 말이다. 인류 전체는 항상 풍요롭다. 개개인이 가난한 이유는 그들이 부자가 되기 위한 특정한 방식을 따르지 않기 때문이다.

무형의 근원 물질은 지능적인 존재로서 생각하는 물질이자 생명을 갖고 있다. 그래서 항상 삶의 풍요로움과 발전을 추구한다.

모든 생명체는 더욱 풍요로운 삶에 대한 욕구와 발전하려는 지적 본능을 내재하고 있다. 자신의 한계를 확장하고 더 완벽하게 표현하고 싶어 하는 것은 의식의 본질적인 모습이다. 우주 만물은 살아 있는 무형의 근원 물질이 자신을 더욱 완전하게 표현하기 위해 눈에 보이는 형상으로 만들어진 것이다.

우주는 충만한 생명력과 더 풍부한 기능을 추구하기 위

해 살아 움직이는 거대한 존재다.

자연은 생명의 발전을 위해 만들어졌기 때문에 삶의 번영이 원동력이다. 그래서 생명의 성장과 발전에 필요한 것들은 모두 풍부하게 제공한다. 신이 모순에 빠지거나 자신이 창조한 자연을 모두 무효화하지 않는 한, 세상에는 어떤 부족도 없다.

자원이 풍족하지 않아서 가난해지는 일은 없다. 특정한 방식으로 생각하고 행동하는 사람은 이 무형의 물질에서 무한히 공급되는 자원을 통제할 수 있다. 이것이 어떻게 가능한지 계속 살펴보도록 하겠다.

제4장

부자가 되는 과학의
첫 번째 원칙

생각은 무형의 근원 물질에서 유형의 부를 만들어내는 유일한 힘이다. 만물이 만들어지는 근원 물질은 생각하는 물질이다. 이 물질이 생각하는 모든 형상이 실제로 현실에서 유형의 형상으로 만들어진다.

근원 물질은 자신의 생각에 따라 움직인다. 자연에서 볼 수 있는 모든 형상과 변화 과정은 근원 물질 내부에서 만들어진 생각이 눈에 보이는 형상으로 표현된 것이다. 근원 물질이 어떤 형상을 생각하면 그 형상이 만들어지고, 움직임에 대해 생각하면 그 움직임이 그대로 나타난다. 만물은 이렇게 창조되었다. 우리는 근원 물질의 생각으로 생성된 우주의 일부에 살고 있는 것이다.

즉, 무형의 근원 물질이 움직이는 우주에 대한 생각을 하고, 생각하는 물질이 그 생각에 따라 움직여서 행성계가 만들어졌다. 그리고 지금까지 그 모습을 유지하게 된 것이다. 생각하는 물질은 자신의 생각대로 형상을 만들고 움직인다. 이 물질이 태양계 행성들의 공전을 생각하면 그대로 형상을 만들어내고 행성을 움직인다. 근원 물질이 천천히 자라나는 떡갈나무의 모습을 상상하면 생각한 그대로 움직여서 수백 년이 걸리더라도 결국 떡갈나무를 만들어낸다. 무언가를 창조하는 과정에서 근원 물질은 자신이 설정해놓은 경로에 따라 움직이는 경향을 보인다. 떡갈나무를 생각한다고 해서 곧바로 다 자란 나무가 생기지는 않지만, 정해진 경로에 따라 나무를 만들어내는 힘이 작동하기 시작한다.

생각하는 근원 물질이 생각하는 모든 형상은 실제로 현실에서 창조된다. 하지만 대부분의 창조 활동은 정해진 성장과 행동 경로에 따라 이루어진다.

예컨대 근원 물질에 특정 구조의 집에 대한 생각이 각인된다고 해서 곧바로 집이 만들어지지는 않는다. 그러나 무역이나 상업 분야에서 이미 작용하고 있는 창조 에너지를 활용하여 더 빨리 집을 만들어 낼 수는 있다. 창조 에너지가 작용할 만한 기존의 경로가 없다면, 유기물이나 무기물 세계의 더딘 진화 과정을 기다리지 않고 근원 물질에서 바로 집이 만들어질 것이다.

근원 물질에 각인된 모든 생각은 그대로 형상으로 창조된다.

인간은 생각의 중심에 있는 존재로 생각을 만들어낸다. 인간이 손으로 만들어내는 모든 형상은 머릿속의 생각에서 비롯된다. 생각하지도 않은 것을 형상으로 만들어 낼 수는 없으니 말이다.

그동안 인간은 손으로 직접 만들어낸 형상에만 집중해 왔다. 형태의 세계에서 세상에 이미 존재하는 형상을 바꾸거나 수정하려고 육체노동을 해온 것이다. 그러나 아직 자신의 생각을 무형의 근원 물질에 전달해 새로운 형상을 창조하려는 시도는 한 적이 없다.

인간이 어떤 형상에 대한 생각을 떠올리면 자연에서 재료를 가져와 머릿속에 그린 형상을 만들어낸다. 그러나 이제까지 인간은 '무형의 지성', 즉 신과 함께 협력하려는 노력은 거의 또는 전혀 하지 않았다. 신이 하는 일을 인간도 할 수 있다는 생각은 꿈에도 하지 못했다. 육체노동을 통해 이미 존재하는 형상을 변형하고 수정할 뿐, 자신의 생각을 무형의 근원 물질에 각인시켜 새로운 형상을 창조할 수 있다고는 생각하지 못했던 것이다. 이 책에서 나는 인간이 무형의 지성과 협력해 새로운 형상을 창조할 수 있다는 것을 증명해 보려고 한다. 책을 읽는 독자라면 누구든지 가능하다. 그 방법을 알아보기 위해 먼저 기본 원리 세 가지를 살펴보겠다.

먼저 만물을 만들어 낸 무형의 근원 물질이 존재한다는 사실을 확고하게 믿는다. 겉으로는 다르게 보이는 모든 형상은 사실 하나의 근원 물질이 만들어낸 여러 가지 표현에 불과하다. 유기체나 무기체로 존재하는 다양한 형상들은 모양이 다를 뿐 사실은 같은 물질에서 만들어졌다. 모든 것을 창조한 이 물질은 생각하는 물질로 자신이 생각하는 대로 현실에서 형상을 만들어낸다.

인간은 생각의 중심에 있는 존재로 독창적인 생각을 할 수 있다. 인간이 근원 물질에 자신의 생각을 전달할 수 있다면 자신이 생각한 것을 창조할 수 있다. 요약하면 다음과 같다.

만물을 창조한 생각하는 물질이 있다. 이 물질은 근원 상태에서 우주의 모든 공간에 스며들고, 침투하며, 우주를 가득 채운다.

이 물질 속에 생각이 깃들면 그 생각은 상상한 대로 형상을 창조한다.

인간은 무형의 근원 물질에 자신의 생각을 각인시켜 생각한 것을 창조할 수 있다.

이 주장을 증명할 수 있는지 묻는다면 자세하게 설명할 필요도 없이 논리와 경험을 통해 증명할 수 있다고 자신 있게 답하겠다.

형상과 생각에 대한 현상을 추론해보면, 결국 하나의 생각하는 근원 물질로 이어진다. 그리고 이 생각하는 물질로부터 추론하면, 이 물질이 만들어내는 형상은 결국 인간이 생각하는 것에서 비롯된다는 결론이 나온다.

나는 경험을 통해 이 추론이 진실임을 확인했다. 내 경험이 바로 가장 강력한 증거가 되어 줄 것이다.

　이 책을 읽는 독자들 가운데 한 명이라도 책에서 말한 원칙을 실천하여 부자가 된다면 이는 내 주장을 뒷받침하는 증거다. 책의 방식을 따른 모든 사람이 부자가 된다면 실패하는 사람이 나오기 전까지 내 주장은 전적으로 옳다는 것이 증명된다. 책에서 말하는 대로 정확하게 배우고 실천하는 모든 사람은 부자가 될 것이다. 이 과정은 실패할 일이 없다.

　강조하건대 특정한 방식으로 행동하면 반드시 부자가 될 수 있다. 부자가 되려면 우선 특정한 방식으로 생각할 수 있는 능력을 키워야 한다.

　인간의 행동은 그 사람이 생각하는 방식에 따라 결정된다.

　원하는 방식으로 행동하려면 원하는 방식으로 생각할 수 있는 능력을 배워야 한다. 이것이 부자가 되는 첫 번째 단계다.

　원하는 대로 생각하려면 겉모습에 현혹되지 않고 '진실'을 직시해야 한다.

　사람이라면 누구나 자신이 원하는 대로 생각하는 능력

을 타고난다. 하지만 진실을 바로 보려면 겉모습만 보고 생각하는 것보다 훨씬 더 큰 노력이 필요하다. 겉으로 보이는 것만 보고 판단하기는 쉽다. 하지만 겉모습에 구애받지 않고 진실을 생각하는 것은 무척 어렵다. 어떤 일들보다 많은 에너지를 쏟아야 한다.

한결같이 일관성 있게 생각하는 것은 많은 사람이 어려워하는 일이다. 어쩌면 세상에서 가장 힘든 일일지도 모른다. 특히 겉으로 보이는 모습과 진실이 상충할 때 더욱 그렇다. 눈에 보이는 사물의 겉모습은 그것을 바라보는 이의 마음속에 그에 부합하는 형상을 만들기 마련이다. 진실을 바로 보는 것만이 이를 막을 수 있다.

질병의 겉모습에만 집착하면 마음에도 질병의 형상이 만들어지고, 결국 몸에도 이상 징후가 생긴다. 이를 방지하려면 질병은 겉모습에 불과하며 본질은 건강한 모습이라는 진실을 직시해야 한다.

가난의 겉모습에 집착하면 마음에도 가난의 형상이 만들어진다. 가난이란 없고 오로지 풍요로움만이 존재한다는 진실을 깨닫지 못하면 결코 가난에서 벗어나지 못한다.

질병에 둘러싸여 있는 상황에서 건강을 생각하고 빈곤

으로 가득 찬 환경에서도 풍요로움을 생각하려면 힘이 필요하다. 이 힘을 얻은 사람은 운명을 극복할 지혜를 얻게 되고, 원하는 것을 손에 넣을 수 있다.

이 힘은 겉모습 뒤에 숨겨진 본질을 이해함으로써 얻을 수 있다. 다시 말해, 세상 모든 것이 만들어지는 하나의 근원 물질이 존재하며, 이 생각 물질을 통해 모든 것이 파생된다는 진실 말이다.

그리고 이 근원 물질에 담긴 모든 생각은 형상이 되며, 인간은 자신의 생각을 근원 물질에 각인시켜 눈에 보이는 사물의 형상을 만들어 낼 수 있다는 진실을 반드시 이해해야 한다.

이 원리를 깨달으면 모든 의문과 두려움은 사라진다. 원하는 것은 무엇이든 창조할 수 있고, 얻고 싶은 것을 가질 수 있으며, 되고자 하는 존재가 될 수 있다는 사실을 알기 때문이다. 부자가 되기 위한 첫 번째 단계로 이번 장에서 말한 세 가지 기본 원칙을 확고하게 믿어야 한다. 다시 한 번 강조하기 위해 반복해서 살펴보겠다.

만물을 창조한 생각하는 물질이 있다. 이 물질은 근원 상태에서 우주의 모든 공간에 스며들고, 침투하며, 우주를 가득 채운다.

이 물질 속에 생각이 깃들면 그 생각은 상상한 대로 형상을 창조한다.

인간은 무형의 근원 물질에 자신의 생각을 각인시켜 생각한 것을 창조할 수 있다.

이 일원론적 우주론 이외의 다른 모든 개념은 잊어버려야 한다. 이 개념을 머릿속에 각인시키고 습관적인 생각이 되도록 만들어라. 매일 반복해서 읽고 한 자 한 자 마음에 새겨라. 그리고 이 개념을 완벽히 신뢰할 때까지 끊임없이 생각하라. 절대 의심하지 말고 이 개념에 반하는 이론은 모두 잊어라. 이 원칙과 상충하는 강연을 듣거나 설교하는 교회를 피하고 다른 우주론을 가르치는 잡지나 책도 읽지 마라. 신념에 혼란이 생기면 모든 노력이 수포로 돌아간다.

이 원칙이 진실인지 의심하지 말고 신념으로 삼아 믿어라.

부자가 되는 과학적 원칙은 이 믿음의 절대적인 수용에서 시작된다.

제5장

발전하는 삶

가난이 신의 뜻이라거나 가난해야만 신이 원하는 바를 이룰 수 있다는 고루한 생각은 모두 버려야 한다.

만물의 근원이자 모두의 내부에 존재하는 지성 물질은 우리 안에도 있다. 이 물질은 의식을 가진 살아 있는 존재다. 이 물질은 살아 움직이기 때문에 다른 모든 지적 생명체와 마찬가지로 삶의 번영을 위한 본능을 지니고 있다. 모든 생명체는 지속적인 삶의 번영과 확장을 추구한다. 생명체는 살아간다는 것만으로 자신을 발전시키고 확장하기 때문이다.

씨앗 한 알이 땅에 떨어지면 성장을 시작하면서 수백 개 이상의 씨앗을 더 만들어낸다. 모든 생명체는 살아가면서 자신을 증식한다. 생명은 번영을 위한 활동을 멈추지 않는다. 존재하려면 그래야만 하기 때문이다.

지적 능력도 마찬가지로 끊임없이 발전을 추구한다. 하나를 생각하면 또 다른 생각으로 이어지면서 의식은 점차 확장된다. 살면서 배우는 모든 지식은 또 다른 지식의 습득으로 연결되고 지식은 끊임없이 발전한다. 어떤 재능을 익히면 더 많은 재능을 키우고 싶은 열망이 생긴다. 인간은 계속해서 자신을 표현하고자 하는 생명의 본질적인 충동에 영향을 받는다. 그래서 더 많이 알고 싶고, 새로운 무언가를 하려고 하고, 더 나은 존재가 되고 싶어 한다.

지식을 넓히고 성장하고 발전하려면 더 많은 것을 소유하고 활용해야 한다. 풍부한 사물을 활용해야만 더 배우고, 행동하고, 성장할 수 있기 때문이다. 그래서 우리는 부자가 되어야만 더 풍요롭고 발전하는 삶을 살 수 있다.

부를 갈망하는 것은 간단히 말해 더 충만한 삶을 추구

하는 열망이다. 인간의 모든 욕구는 아직 표현되지 않은 내면의 가능성을 실현하기 위한 노력이다. 생명체가 자신을 표현하고자 하는 본능이 욕망을 일으킨다. 인간이 더 부유해지고자 하는 욕구는 식물이 자라나는 것과 마찬가지로 생명체의 삶 자체가 더욱 풍부한 표현을 원하기 때문이다. 살아 움직이는 근원 물질 역시 모든 생명체가 본질적으로 타고난 이 법칙을 따른다. 따라서 이 물질도 더 풍요로운 삶을 지속하려는 욕구로 가득 차 있다. 그렇기 때문에 근원 물질은 끊임없이 새로운 사물을 창조하려고 한다.

우리 내부에 있는 근원 물질 역시 더 풍요로운 삶을 원한다. 그래서 이 물질은 우리가 원하는 것은 무엇이든 소유하고 활용하길 바란다.

신은 우리가 부자가 되길 바란다. 당신이 풍족해지면 신은 당신을 통해 자신을 더 온전히 표현할 수 있다. 무엇이든 원하는 것을 제한 없이 사용할 수 있을 때 신은 당신을 통해 더 충만한 삶을 표현할 수 있는 것이다.

우주는 인간이 원하는 것은 무엇이든 가지길 바란다.

자연은 인간의 계획에 호의적이다.

모든 것이 당신을 위해 존재하고 움직인다.

이 사실이 진실임을 믿어라.

그러나 가장 중요한 것은 우리의 목적이 만물에 내재한 목적과 반드시 조화를 이루어야 한다는 것이다.

단순한 쾌락이나 육체적 만족이 아니라 진정한 삶을 추구해야 한다. 살아간다는 것은 모든 기능을 온전히 수행하는 것이다. 모든 개개인은 어느 한쪽에 치우치지 않고 몸과 마음과 영혼의 모든 기능을 조화롭게 실행할 때만 진정한 삶을 누릴 수 있다.

동물적 욕망을 충족시키려고 부자가 되길 원해서는 안 된다. 그것은 진정한 삶이 아니다. 그러나 신체적 기능의 온전한 수행 역시 삶의 일부이기에 몸의 소리에 귀를 기울여 정상적이고 건강하게 표출하는 것도 중요하다.

부자가 되려는 목적이 정신적인 쾌락을 원하고, 지식을 얻고, 야망을 충족시키거나 다른 사람을 앞서고, 유명해지기 위한 것이 되어서는 안 된다. 물론 이 모든 것 역시 삶의 일부분이지만, 지적인 쾌락만 추구하는 사람은 완전한 삶을 누리지 못하고 자신의 인생에 결코 만족하지 못한다.

또 부자가 되려는 목적이 다른 사람들의 행복을 추구하고, 인류를 위해 희생하고, 자선 활동이나 자기희생의 기쁨을 느끼고 싶다는 이유여서도 안 된다. 영혼의 기쁨은 삶의 일부일 뿐이며, 다른 목적들보다 더 뛰어나거나 고귀하지 않다.

우리는 먹고, 마시고, 행복하기 위해 부자가 되길 원한다. 아름다운 예술작품을 보고, 여행을 하고, 마음을 채우고, 지식을 함양하기 위해 부자가 되고 싶어 한다. 인간을 사랑하고, 타인에게 친절을 베풀고, 세상이 진리를 찾도록 긍정적인 도움을 주기 위해 부자가 되고 싶어 한다.

그러나 극도의 이타주의는 극도의 이기주의보다 나을 것도 숭고할 것도 없음을 명심하라. 둘 다 잘못된 것이다.

타인을 위해 자신을 희생하는 것은 신의 뜻이 아니다. 그렇게 한다고 해서 신의 보살핌을 받을 수 있다고 착각하지 마라. 신이 바라는 것은 그런 것이 아니다.

신은 우리가 자신과 다른 사람을 위해 스스로의 능력을 최대한 발전시켜 풍요로운 삶을 살기를 바란다. 자신이 될 수 있는 한 최상의 모습이 되는 것이야말로 타인을 도울 수 있는 가장 좋은 방법이다.

자신의 능력을 최대한 활용하려면 먼저 부자가 되어야 한다. 따라서 부유해지는 것을 목표로 삼아 노력하는 것은 칭찬받아 마땅한 일이다.

근원 물질의 욕망은 모든 생명체를 위해 존재하므로 만물의 풍요로움을 위해 움직인다는 사실을 기억하라. 이 물질은 모든 생명체에게 깃들어 풍요와 생명을 추구하기 때문에 누구의 삶도 불행하게 만들지 않는다.

근원 물질은 원하는 것은 무엇이든 가져다주지만, 다른 사람에게 빼앗은 것을 주지는 않는다.

그러니 경쟁에 대한 생각은 버려라. 이미 존재하는 것을 두고 경쟁하는 것이 아니라 창조하는 것이 목적이다.

다른 사람들의 무엇도 빼앗을 필요가 없다.

과도하게 흥정하거나 누군가를 속이고 이용할 필요도 없다. 당신을 위해 일하는 사람이 있다면 정당한 대가를 지불하고 불필요한 이득을 취하지 않는다.

남의 재산을 탐내거나 부러워하지도 않아야 한다. 다른 사람으로부터 빼앗지 않고도 누구든 원하는 것을 가질 수 있다.

경쟁자가 아니라 창조자가 되어야 한다. 그러면 원하는 것을 모두 얻는 동시에 다른 사람들에게도 도움을 줄 수 있다.

하지만 방금 말한 것과는 상충하는 방식으로 거액의 돈을 벌어들인 사람들도 존재한다. 이것에 대해 잠시 짚고 넘어가 보겠다. 이들은 뛰어난 경쟁 능력으로 세계적인 부호가 되었다. 그리고 무의식중에 산업혁명을 통해 인류를 발전시키겠다는 근원 물질의 위대한 움직임과 같은 목적을 갖게 되었다. 록펠러, 카네기, 모건 등의 인물은 의도하지 않았음에도 신을 대신해 산업을 체계화하고 조직하는 필수적인 일을 했다. 그 결과 모든 사람의 삶의 질을 향상시키는 데 막대한 기여를 했다. 하지만 이제 그들의 시대는 저물고 있다. 이제 생산 과정을 조직화한 그들의 뒤를 이어 유통망을 체계화할 수많은 인재가 등장할 것이다.

이런 부호들은 선사시대의 거대한 파충류와 같은 존재다. 진화 과정에는 필수적인 역할을 하지만 결국 그들을 만들어낸 힘에 의해 사라지게 된다. 또 그들이 실제로는 진정한 부를 소유한 것이 아니었음을 명심해야 한다. 이들 대부분의 사적인 삶의 기록을 살펴보면 누구보다 비참하고 불행한 삶을 살았다는 사실을 알 수 있다.

경쟁에서 얻는 부는 결코 만족을 주거나 영원할 수 없다. 오늘은 내 것이라도 언제 남의 것이 될지 모른다. 과학적이고 가장 확실한 방법으로 부자가 되려면 경쟁적인 생각을 버려야 한다. 공급이 제한되어 있다는 생각은 금물이다. 은행가나 부호들이 돈을 독점한 탓에 부의 공급이 제한되고 있다는 생각에 빠지면 경쟁심이 싹트기 시작하고 창조력은 일시적으로 사라지게 된다. 더 최악은 이미 시작된 창조 활동 역시 중단된다는 것이다.

지구상에는 아직 빛을 보지 못한 천문학적인 가치의 금광이 존재한다는 사실을 명심하라. 설령 그 정도의 금광이 없다고 해도 당신의 필요를 충족시키기 위해 근원 물질에서 더 많은 금이 창조된다는 것을 알아야 한다.

필요한 돈은 반드시 주어진다는 사실을 기억하라. 이를 위해 천 명의 사람들이 당장 내일 새로운 금광을 발견해야 한다고 해도, 결국 필요한 돈은 오게 되어 있다.

눈에 보이는 공급량을 보지 말고 무형의 근원 물질이 제공하는 무한한 부와 풍족함에 주목하라. 당신이 빨리 받아서 사용할수록 부는 또다시 빠르게 채워진다. 누군가 눈에 보이는 공급을 독점한다고 해도 당신이 받는 혜택은 줄어들지 않는다.

그러니 집을 짓기도 전에 다른 사람들이 제일 좋은 땅

을 모두 차지하는 것은 아닐까 걱정하며 서두르지 마라. 기업과 자본가들이 지구상에 존재하는 모든 땅을 소유할 것이라는 걱정도 하지 마라. 혹여 다른 사람에게 기회를 빼앗겨서 원하는 것을 얻지 못하는 것은 아닌지 두려워 마라. 그런 일은 일어나지 않는다. 당신은 남의 것을 탐내는 것이 아니라 무형의 근원 물질에서 원하는 것을 창조하는 것이다. 공급은 무한하다. 가장 중요한 것은 다음 원칙을 확고하게 믿는 것이다.

만물을 창조한 생각하는 물질이 있다. 이 물질은 근원 상태에서 우주의 모든 공간에 스며들고, 침투하며, 우주를 가득 채운다.

이 물질 속에 생각이 깃들면 그 생각은 상상한 대로 형상을 창조한다.

인간은 무형의 근원 물질에 자신의 생각을 각인시켜 생각한 것을 창조할 수 있다.

제6장

부는 어떻게
찾아오는가

앞 장에서 과도한 흥정이나 거래는 필요 없다고 했지만, 그것이 전혀 흥정하지 말라거나 누구와도 거래할 필요가 없다는 의미는 아니다. 사람들과의 부당한 거래는 할 필요가 없다는 뜻이다. 공짜로 무언가를 받을 생각은 하지 말고 모든 사람에게 받는 것 이상으로 되돌려줘야 한다는 의미다.

물론 거래하는 모든 사람에게 받는 것 이상의 현금 가치를 되돌려줄 수는 없다. 하지만 현금 가치보다 더 많은 이용 가치를 돌려줄 수는 있다.

이 책 한 권을 만드는 데 사용된 종이와 잉크 등의 재료를 따져보면 책 가격만큼의 현금 가치보다는 낮을지도 모른다. 하지만 독자들이 책에서 얻은 아이디어로 수천 달러를 벌게 된다면 책을 판매한 사람은 부당한 거래를 한 것이 아니다. 책 한 권의 가격으로 훨씬 높은 이용 가치를 되돌려줬기 때문이다.

예컨대 내가 위대한 화가의 그림 한 점을 소유하고 있다고 가정해보자. 문명사회에서 이 그림은 수천 달러의 가치가 있다. 내가 이 그림을 배핀 만Baffin Bay으로 가져가서 판매 기술을 발휘해 500달러 상당의 모피를 받고 그곳에 거주하는 에스키모인에게 팔았다면, 나는 그들을 속인 것이나 다름없다. 거주민들에게 그 그림은 전혀 쓸모가 없고 이용 가치도 없기 때문이다. 그들의 삶에 아무런 도움이 되지 않는 거래다.

하지만 내가 그림 대신 50달러 상당의 총을 준다면 상대방에게는 좋은 거래다. 총을 활용하면 더 많은 모피와 음식을 구할 수 있을 뿐만 아니라 모든 면에서 삶을 더욱 풍족하게 만들 수 있기 때문이다. 결국 총이 그들을 부자로 만들 수 있다.

경쟁을 버리고 창조적인 단계에 이르면 사람들과의 거래 방식을 면밀히 검토해야 한다. 누군가에게 판매하는 물건이 내가 받는 것과 비교해 상대에게 더 많은 혜택을 줄 수 없으면 거래를 중단해야 한다. 사업을 할 때 경쟁에서 이겨야만 성공하는 것이 아니다. 다른 사람과의 경쟁에 시달려야 하는 일이라면 당장 그만두는 것이 좋다.

어떤 거래를 하든 내가 받는 현금 가치보다 더 많은 이용 가치를 되돌려줘야 한다. 그러면 내가 하는 모든 거래는 사람들의 삶에 혜택을 주게 될 것이다.

직원을 두고 있는 고용주라면 그들에게 지급하는 임금보다 더 많은 현금 가치를 직원들에게서 끌어와야 한다. 하지만 회사는 의욕 있는 직원들이 매일 조금이라도 자신을 발전시킬 수 있도록 도움을 제공해야 한다.

책에서 배운 것처럼 직원들에게도 부의 원칙을 적용해 그들이 회사와 함께 발전하도록 만들 수 있다. 회사가 직원들에게 일종의 사다리 역할을 하는 것이다. 힘들더라도 기꺼이 사다리를 밟고 오른다면 누구나 부자가 될 수 있는 기회를 제공해야 한다. 기회가 주어졌는데도 거부한다면 그것은 당신 탓이 아니다.

한 가지 더 덧붙이자면, 주변을 가득 채운 무형 물질이 부를 만들어낸다고 해서 부의 형상이 바로 만들어져 눈앞에 나타나지는 않는다.

예를 들어, 재봉틀을 갖고 싶다고 해서 생각하는 물질에 재봉틀에 대한 이미지를 전달하자마자 방안에 재봉틀이 불쑥 나타나는 것이 아니라는 뜻이다. 재봉틀을 원한다면 마음속에 그 이미지를 떠올리고 강한 확신으로 그것이 만들어지고 있거나 당신에게 오고 있다고 믿어야 한다. 일단 생각을 형성하고 나면 재봉틀이 오고 있다는 사실을 절대 의심하지 말고 전적으로 믿어야 한다. 재봉틀이 반드시 온다는 확신 외에는 어떤 생각도 어떤 말도 하지 않는다. 재봉틀이 이미 내 것이라고 믿어라.

절대적인 지성의 힘이 사람들의 마음에 작용해 재봉틀은 곧 당신에게 보내질 것이다. 당신이 미국 메인주에 살고 있다면, 텍사스나 일본에서 온 사람들과의 거래를 통해 원하는 것을 얻게 될지도 모른다.

그렇다면 그 거래는 당신을 비롯한 상대방에게도 분명

도움이 되는 거래일 것이다.

생각하는 물질은 만물 안에 깃들어 서로 소통하며 모든 것에 영향을 미칠 수 있다는 사실을 한순간도 잊지 마라. 삶의 풍요로움과 발전을 원하는 근원 물질의 욕구가 세상에 이미 존재하는 모든 재봉틀을 만들었다. 인간이 열망과 믿음을 갖고 특정한 방식으로 행동하면 수백만 개의 재봉틀을 더 창조할 수 있다.

당신이 원한다면 반드시 재봉틀을 가질 수 있다. 그리고 당신과 다른 이들의 삶에 도움을 줄 수 있다면 원하는 것이 무엇이든 손에 넣을 수 있다.

주저하지 말고 더 많이 요구하라. 예수는 "아버지께서는 너희에게 기꺼이 왕국을 주는 것을 기쁨으로 여길 것이다."라고 말했다.

근원 물질은 당신 내면의 모든 가능성을 밖으로 표현하여 실현하고 싶어 한다. 당신이 원하는 모든 것을 소유하고 그것을 활용하여 가장 풍족한 삶을 살기를 원한다.

당신이 부자가 되고 싶은 열망이 절대적인 존재인 신이 온전히 자신을 표현하기 위한 열망과 하나라는 것을 깨닫는다면 흔들리지 않는 믿음을 가질 수 있을 것이다.

언젠가 피아노 앞에 앉아 건반을 두드리며 연주를 하려고 애쓰는 소년을 본 적이 있다. 소년은 제대로 연주하지 못하는 자신의 실력에 낙담하여 상심하고 있었다. 소년에게 슬퍼하는 이유를 묻자 이렇게 대답했다. "마음속에서는 음악이 들리는데 손가락이 그걸 따라잡지 못해요." 소년의 내면에서 들리던 음악은 생명의 모든 가능성을 내포한 근원 물질의 욕망이다. 음악과 관련된 모든 것이 소년을 통해 자신을 표현하고자 했던 것이다.

신, 즉 근원 물질은 인간의 형상을 통해 삶을 살면서 일하고 즐기기를 원한다. 신은 "나는 인간의 손을 빌려 훌륭한 건축물을 짓고, 신성한 음악을 연주하고, 영광스러운 그림을 그리고 싶다. 인간의 두 발을 빌려 내 심부름을 하게 하고, 두 눈으로 내가 만든 세상의 아름다움을 보게 하고, 인간의 입으로 위대한 진리를 말하고, 아름다운 노래를 하고 싶다."라고 말한다.

세상의 모든 가능성은 인간을 통해 표현되기를 바란다. 신은 음악을 연주할 수 있는 사람들이 피아노나 다른 모든 악기를 소유하고 그들의 재능을 최대한으로 발휘하기를 원한다. 아름다움의 가치를 제대로 볼 줄 아는 사람들이 아름다운 것들로 주변을 가득 채우기를 바란다. 진리를 분별할 줄 아는 사람들이 여행과 관찰의 기회를 얻기를 원한다. 또 옷의 가치를 아는 사람들이 아름다운 옷을 입길 원하며, 좋은 음식의 진가를 알아보는 사람들이 호사스러운 식사를 즐길 수 있길 바란다.

신이 이 모든 것을 원하는 이유는 신 자신이 인간을 통해 아름다움을 즐기고 감상하고 싶기 때문이다. 음악을 연주하고, 노래하고, 아름다움을 감상하고, 진리를 말하고, 아름다운 옷을 입고, 좋은 음식을 먹는 것이 바로 신 자신이 원하는 것이다.

"너희 안에서 뜻을 가지고 행하시는 것은 하나님이시다."라고 바울은 말했다. 당신이 부를 갈망하는 것은 절대적인 존재인 신이 피아노 치는 어린 소년을 통해 자신을 표현하고자 했던 것과 마찬가지로 당신 안에서 자기 자신을 표현하고자 하는 것이다. 그러니 망설이지 말고 원하는 것이 무엇이든 요구하라. 당신의 역할은 신의 열망에 집중하고 그것을 표현하는 것이다.

많은 사람들이 이 점을 어렵게 생각한다. 사람들은 여전히 가난과 자기희생이 신에게 기쁨을 준다는 고루한 생각에 매여 있다. 가난이 신의 뜻이고 자연의 필요에 따른 것이라고 여긴다. 신이 세상에 필요한 모든 것을 창조하고 자신의 일을 끝내고 난 뒤에는 충분한 부가 남아 있지 않다고 여기고 가난을 당연하게 생각한다. 이런 잘못된 생각 때문에 사람들은 부자가 되고 싶어 하는 욕구를 부끄럽게 여기고 적당히 생활을 유지하는 수준 이상은 바라지 않으려고 애쓴다.

부자가 되는 과학을 실천한 한 학생의 사례를 살펴보겠다. 그는 원하는 것을 머릿속에 명확한 이미지로 그려야만 창조적인 생각이 무형의 근원 물질에 인식될 수 있다고 배웠다. 매우 가난해서 월셋집에 살며 하루 벌어 근근이 생활을 유지하던 그 학생은 자신도 부자가 될 수 있다는 사실을 좀처럼 이해할 수 없었다. 생각 끝에 그는 구체적으로 원하는 것을 요구해보기로 마음먹었다. 거실 바닥에 깔 새 카펫과 추운 날씨에 집에 온기를 더해줄 석탄 난로를 요청해보기로 했다. 책에 나온 원칙을 믿고 따른 결과, 몇 달 후에 그는 요청한 모든 것을 얻게 되었다. 그는 원하는 것을 너 충분히 요구하시 않았나는 사실을 깨날았나. 그리고 자신이 살고 있는 집을 꼼꼼히 살펴본 뒤 개선 방안을 세웠다. 이상적인 집을 떠올리며 이 방 저 방에 퇴창을 설치하는 등 머릿속에 구체적인 이미지를 그리고 새로운 가구도 계획했다.

마음속에 상상했던 집의 전체적인 이미지를 품은 뒤 그는 특정한 방식으로 살고 원하는 것을 향해 나아가기 시작했다. 그 학생은 지금 원하던 집을 소유하고 있다. 그리고 마음속에 그렸던 계획대로 집을 개조하고 있다. 이제 그는 더 확고한 신념을 갖고 더 많은 것을 받게 될 것이다. 모든 것이 그가 믿는 만큼 실현되었다. 이 책을 읽는 독자들도 믿은 만큼 얻게 될 것이다.

제7장

감사하라

앞 장에서 마음속에 원하는 집에 대한 이미지를 구체화
했던 사례를 다시 한번 되새겨보자. 이 이야기를 통해 부자
가 되는 첫걸음은 자신의 욕구를 무형의 근원 물질에 전달
하는 것이라고 말했다.

이 변치 않는 첫 번째 원칙을 실현하려면 가장 먼저 무
형의 지성과 조화로운 관계를 맺어야 한다.

근원 물질과 균형 잡힌 관계를 만드는 것은 가장 기본적

이고 중요한 문제이기 때문에 이번 장을 할애하여 구체적인 설명을 이어가겠다. 책에서 말하는 방식을 따르면 신과 완벽하게 일치하는 마음을 갖게 될 것이다.

마음의 중심을 바로잡고 조절하는 모든 과정은 '감사'라는 한 단어로 요약할 수 있다.

첫째, 만물의 성장을 관장하는 지성 물질이 있다는 것을 믿어라.

둘째, 이 물질이 원하는 모든 것을 가져다준다고 믿어라.

셋째, 깊고 진실한 감사의 마음으로 이 물질과 자신을 연결하라.

삶의 모든 방면에서 원하는 것을 제대로 요구했지만 감사하는 마음의 부족으로 가난을 면치 못하는 사람들도 많다. 신에게 하나의 선물을 받았지만 감사하는 마음을 표현하지 않아서 신과의 연결고리를 끊어버린 것이다.

부의 근원에 가까이 갈수록 더 많은 부를 손에 넣을 수 있다는 사실은 누구나 쉽게 수긍한다. 또 항상 감사하는 사람들은 그렇지 않은 사람들보다 신과 더 밀접한 관계를 유지한다는 사실도 쉽게 이해할 수 있다.

좋은 일이 일어났을 때 신께 감사하는 마음을 우선시할

수록 더 많은 좋은 일이 더 빠르게 다가온다. 이유는 간단하다. 감사하는 마음가짐은 축복의 근원과 더 밀접한 연결을 만들기 때문이다.

감사하는 마음이 우주의 창조적 에너지와 우리 마음을 더 조화롭게 만들어준다는 생각이 다소 생소하게 느껴질 수도 있다. 하지만 조금만 더 깊이 생각해보면 이것이 진실이라는 사실을 알 수 있다. 당신이 이미 가지고 있는 좋은 것들은 특정한 법칙을 따랐기 때문에 당신에게 온 것이다. 감사하는 마음은 좋은 것들이 오는 길로 당신을 이끌어주고 창조적 사고와 밀접한 조화를 유지하게 하여 경쟁적인 사고에 빠지지 않도록 막아준다.

감사하는 마음만이 만물의 창조자인 신을 바로 보게 하고 부의 공급이 한정되어 있다고 생각하는 실수를 범하지 않게 한다. 부의 공급이 제한되어 있다는 생각은 희망에 치명적인 악영향을 미친다.

세상에는 감사의 법칙이 존재한다. 감사의 법칙은 원하는 결과를 얻으려는 모든 사람이 반드시 따라야만 한다.

감사의 법칙은 작용과 반작용의 힘은 항상 균등하시면서로 반대 방향으로 작용한다는 자연법칙과 같다.

신을 향해 진실한 감사의 마음을 보내는 것은 힘을 해방시켜 표출하는 행위다. 그 힘은 반드시 원하는 곳에 도달하여 당신을 향한 즉각적인 반작용을 만들어낸다.

"신에게 가까이 가라. 그리하면 신이 가까이 와줄 것이다." 이것은 심리학적으로도 입증된 사실이다.

강력하게 지속적으로 감사하는 마음을 가지면 무형의 근원 물질에서 나오는 반응도 강력하고 지속적으로 변한다. 당신이 원하는 것들의 움직임 역시 항상 당신을 향할 것이다. 예수가 취한 감사하는 태도에 주목해보라. 예수는 언제나 이렇게 말했다. "아버지여, 주께서 나의 청을 들으심에 감사드립니다." 감사하는 마음 없이는 강력한 힘을 발휘할 수 없다. 감사하는 마음이 우리를 강력한 힘과 밀접하게 연결해주기 때문이다.

하지만 감사하는 마음의 가치는 미래의 축복을 받는 것에만 국한된 것이 아니다. 감사하는 마음이 없다면 현재 처한 상황에 대한 불만족스러운 마음을 극복하기 어렵다.

매사에 불평불만을 갖기 시작하면 상황이 좋아질 리 없다. 우리 의식은 진부하고 흔해 빠지고 가난하고 비참하고 보잘것없는 것들에 주의를 집중하고 마음속에 그러한 형상을 만들어낸다. 결국 그런 형상이나 정신적 이미지를 무형의 근원 물질에 전달하게 되고 흔하고 가난하고 비참하고 보잘것없는 것들이 당신에게 오게 되는 것이다.

열등한 것에 마음을 집중하면 결국 열등한 존재가 되어 초라한 것들만 모이게 된다.

반대로 훌륭한 것들에 마음을 집중하면 주변을 뛰어난 것들로 가득 채우게 되고 훌륭한 존재가 된다.

우리 마음속의 창조적인 힘은 우리가 주목하는 대상의 이미지대로 형상을 만들어낸다.

인간은 생각하는 존재이며, 생각하는 존재는 항상 자신이 생각하는 대상의 형상을 취한다.

감사하는 마음은 항상 최고에 집중하기 때문에 최고가 되려는 경향을 보인다. 즉, 감사하는 마음은 항상 최고의 모습과 성격을 취하기 때문에 가장 최고의 것을 받아들이게 만든다.

확고한 믿음 역시 감사하는 마음에서 생긴다. 감사하는 마음은 항상 좋은 것을 기대하게 만들고 그 기대는 확고한 믿음이 된나. 감사하는 마음에 대한 반삭용으로 믿음이 생기고 감사하는 마음을 밖으로 표현할수록 확고한 믿음이 증가한다. 감사하는 마음 없이는 이 신념을 계속 유지할 수 없다. 그리고 신념이 없으면 창조적인 방법으로 부자가 될 수 없다. 이 부분에 대한 자세한 설명은 다음 장에서 살펴보겠다.

따라서 당신에게 오는 모든 좋은 것에 대해 감사하는 습관을 기르고 계속해서 감사하는 마음을 가져야 한다.

세상에 존재하는 모든 것이 당신의 성장과 발전에 영향을 미치기 때문에 모든 것에 감사하는 마음을 가져야 마땅하다.

재벌이나 기업가들의 결점이나 잘못된 행동에 대해 생각하거나 이야기하느라 시간을 낭비하지 마라. 그들이 조직한 세상이 우리에게 기회를 제공했다. 당신이 손에 넣은 모든 것은 그들 덕분인지도 모른다.

부패한 정치인들에게 분노하지 마라. 그들이 없다면 우리 사회는 무정부 상태에 빠지고 우리에게 오는 기회도 크게 줄어들 것이다.

산업의 발전을 일으키고 정부를 조직하여 현재 위치로 오기까지 신은 오랜 시간 인내심 있게 일해 왔다. 지금도 앞으로도 계속 그럴 것이다. 재벌이나 기업가, 정치인들이 더 이상 세상에 필요 없다고 생각되면 신은 가차 없이 그들의 존재를 없앨 것이다. 그때가 오기 전까지는 그들 역시 우리 모두에게 이익을 줄 것임을 명심하라. 그들 모두가 당신이 부자가 될 수 있는 길을 찾는 데 도움을 주고 있기에 항상 감사한 마음을 가져야 한다. 그렇게 하면 만물에 깃든 좋은 것들과 조화로운 관계를 맺게 되고, 좋은 것들이 당신을 찾아오게 될 것이다.

제8장

특정한 방식으로
생각하라

6장에서 마음속에 자신이 살고 싶은 집에 대한 이미지를 그렸던 학생의 사례를 다시 살펴보자. 그 단계가 바로 부자가 되는 첫걸음이다. 먼저 원하는 것에 대한 확실하고 구체적인 이미지를 마음속에 그리는 것이다. 마음속에 그려놓은 이미지가 있어야만 그 생각을 근원 물질에 각인시킬 수 있다.

이미지를 전달하려면 먼저 마음속에 뚜렷한 이미지가

있어야 한다. 하지만 많은 사람이 자신이 무엇을 하고 싶은지, 무엇을 갖고 싶은지, 무엇이 되고 싶은지에 대한 모호한 개념만 품고 있다. 그래서 근원 물질에 이미지를 각인시키는 데 실패하고 만다.

막연하게 좋은 일이 하고 싶어서 부자가 되고 싶다는 생각으로는 충분하지 않다. 그런 생각은 누구나 할 수 있다.

여행을 다니고, 새로운 것을 보고, 더 충만하게 살고 싶다는 식의 바람만으로도 충분하지 않다. 그런 소망은 누구나 갖고 있다. 친구에게 메시지를 보낸다고 해보자. 자음이나 모음을 무작위로 보내서 상대가 직접 의미를 조합하게 하거나 사전에서 대충 고른 단어를 골라 보내지는 않을 것이다. 당연히 상대가 알아들을 수 있게 이치에 맞는 문장을 써서 보낸다. 근원 물질에 소망을 전달할 때도 마찬가지다. 논리적이고 이치에 맞는 문장을 선택해야 한다. 원하는 것을 분명히 알고 구체화하는 것이 필요하다.

불분명하고 모호한 소망을 전달하는 것으로는 부자가 될 수도, 창조적인 힘을 발휘할 수도 없다.

자신이 원하는 것을 찾으려고 집안 곳곳을 꼼꼼히 살폈던 학생처럼 내가 원하는 것을 세밀하게 점검해보라. 원하

는 것을 받았을 때 그것이 어떤 모습인지 뚜렷하게 떠올려
보라.

목적지인 항구를 항상 마음에 품고 항해하는 선장처럼
원하는 것에 대한 뚜렷한 이미지를 늘 마음속에 품고 있어
야 한다. 항상 원하는 것을 향해 집중하라. 키잡이가 나침
반에서 눈을 떼지 않는 것처럼 소망에 집중하라.

그렇다고 해서 집중력을 키우는 훈련을 하거나 기도하
고 명상을 하거나 특정한 의식을 치를 필요는 없다. 이런
활동이 도움이 될 때도 있겠지만 지금 당신에게 필요한 것
은 오로지 내가 무엇을 원하는지 명확히 알고 그것을 간절
히 생각하고 원하는 마음을 갖는 것이다. 그래야만 소망이
계속 마음속에 유지된다.

시간이 날 때마다 원하는 것에 대한 이미지를 그려라.
진정으로 원하는 것이라면 마음을 집중하려고 일부러 훈
련할 필요는 없다. 집중하는 데 많은 노력이 필요하다면 그
것은 당신이 진짜 원하는 것이 아닐 것이다.

또한 부자가 되고 싶은 열망이 나침반의 자력이 바늘을
움직이는 것처럼 강력한 목표가 아니라면, 이 책의 지침을
실행하는 것은 별 의미가 없을지도 모른다.

이 책에서 소개하는 방법은 부자가 되고 싶은 열망이 너무 강력해서 나태함과 현실에 대한 안주를 이겨내고 노력하는 사람들을 위한 것이기 때문이다.

마음속에 뚜렷한 이미지를 그리고 그 속에서 기분 좋은 세부 사항들을 구체적으로 꺼내어 집중할수록 당신의 열망은 더욱 강력해질 것이다. 원하는 것에 대한 열망이 강력해질수록 마음속 이미지를 확고하게 고정하는 것이 훨씬 더 쉬워질 것이다.

그러나 단순히 마음속에 명확한 이미지를 그리는 것만으로는 부족하다. 이미지를 떠올리는 것이 전부라면 몽상가나 다를 바 없다. 꿈만 꾸는 사람은 성취하고자 하는 원동력이 거의 없기 때문이다.

명확한 이미지 이면에는 반드시 그것을 실현하겠다는 목적의식과 소망을 구체적으로 실현하려는 의지가 필요하다.

그리고 이 목적의식 뒤에는 원하는 것이 이미 자신의 것이라는 확고한 믿음이 있어야 한다. 그것은 내가 손만 뻗으면 닿는 곳에 있기에 잡기만 하면 된다는 확신이 필요하다.

내가 원하는 새집이 실제로 눈앞에 나타날 때까지 마음속으로 이미 새집에 사는 것처럼 생각하라. 그리고 원하는 것을 상상하며 마음껏 즐겨라.

예수는 "기도하여 얻는 모든 것이 너희의 것임을 믿으라."라고 말했다.

원하는 것이 항상 주변에 있는 것처럼 행동하라. 그것을 이미 소유하고 사용하고 있다고 상상하라. 실제로 그 물건을 가지고 있을 때와 똑같이 마음속에서 사용해보는 것이다. 마음속에 그린 이미지가 더 분명하고 뚜렷해질 때까지 생각을 멈추지 말고 이미지에 있는 모든 것이 내 소유인 것처럼 생각하라. 실제로 그것들이 당신의 소유라는 확고한 믿음을 가져야 한다. 이미 내 것이라는 생각을 굳건히 유지하고 단 한 순간도 이 모든 것이 진짜라는 믿음을 저버리지 마라.

앞 장에서 감사하는 마음에 대해 언급한 것을 떠올려보자. 상상한 것이 실현되었을 때처럼 항상 감사의 마음을 표현하라.

아직 상상 속에서만 소유하고 있는 것에 대해서도 진심으로 감사를 표현하는 사람에게는 진정한 믿음이 있다. 이들은 원하는 것이 무엇이든 만들어내서 부자가 될 것이다.

원하는 것이 있다고 해서 계속 기도를 되풀이할 필요는

없다. 매일 신에게 간청할 필요도 없다.

예수는 제자들에게 이렇게 말했다. "이방인처럼 빈말을 되풀이하지 말라. 아버지께서는 너희가 구하기 전에 이미 필요한 것을 알고 계신다."

풍족한 삶을 위해 원하는 것이 무엇인지 분명히 하고, 이러한 열망을 체계적으로 정리하여 무형의 근원 물질에 전달하는 것이 우리의 역할이다. 근원 물질은 우리가 원하는 것을 가져다줄 강력한 힘과 의지가 있다는 사실을 명심하라.

말만 반복한다고 해서 근원 물질에 소망이 전달되는 것이 아니다. 원하는 것을 얻고 싶다는 흔들리지 않는 목적을 품고 그것을 손에 넣을 수 있다는 확고한 신념으로 마음속 이미지를 유지해야 한다.

기도에 대한 응답은 입으로 기도할 때의 믿음이 아니라 행동할 때의 믿음이 결정한다.

안식일을 정해서 그날만 신에게 원하는 것을 말하고 바로 잊어버리면 제대로 소망을 전할 수 없다. 따로 장소를 마련하여 기도한다고 해도 다음 기도 시간까지 소망을 완전히 잊고 지낸다면 역시 신을 감동시킬 수 없다.

마음속 이미지를 확고히 하고 신념을 강화하고 싶다면 말로 기도하는 것 역시 충분히 효과가 있다. 하지만 원하는 것을 실제로 가져다주는 것은 말로 하는 기도가 아님을 기억하라. 부자가 되는 데 필요한 것은 특별한 기도 시간이 아니라 멈추지 않고 기도하는 자세다. 여기서 기도란 원하는 이미지를 실현하겠다는 목적의식을 갖고, 그것을 실현하고 있다는 강력한 믿음을 품는 것이다.

"믿어라. 그리하면 받을 것이다."

일단 이미지를 뚜렷하게 형성했다면 이제 그것을 어떻게 받느냐에 집중할 차례다. 마음속에 이미지를 만들었다면 소리 내어 기도하는 것도 좋다. 경건한 마음으로 신에게 기도하며 소망을 전하라. 바로 그 순간부터 마음속으로 원하는 것을 받았다고 믿어야 한다. 새집에서 살고, 좋은 옷을 입고, 멋진 차를 타고, 여행하는 삶을 살며 앞으로의 근사한 인생을 자신 있게 계획하라. 요청한 모든 것을 이미 소유한 것처럼 생각하고 말하라. 원하는 환경과 경제력을 상상해보고 그 상태가 이미 계속되고 있다고 생각하며 살아라. 한 가지 명심할 것은 단순한 공상이나 하듯 꿈꾸는 것에서 그치지 말아야 한다는 점이다. 상상한 것이 이미 실현되고 있다는 강력한 믿음과 원하는 것을 반드시 실현하겠다는 목적의식을 가져야 한다.

부자가 되는 과학적 법칙을 따르는 이들과 몽상가의 차이는 바로 이 믿음과 목적의식에 달렸음을 기억하라. 이 단계를 이해했으면 이제 의지력을 올바르게 사용하는 방법을 배울 차례다.

제9장

의지를
사용하는 방법

과학적인 방법으로 부자가 되려면 자신 이외의 다른 누구에게도 의지력을 강요해서는 안 된다. 우리는 그럴 권리가 없다.

자신의 의지를 강요해서 타인을 내 뜻대로 움직이려고 하는 것은 잘못된 일이다.

정신적인 압박으로 누군가를 강요하는 것은 육체적인 압박 못지않게 부당한 행동이다. 물리적으로 타인을 압박

하는 것은 상대를 노예로 전락시키는 것과 다름없다. 정신적으로 강압을 행사하는 것도 똑같은 결과를 초래한다. 방법의 차이가 있을 뿐 전혀 다를 바 없는 가혹 행위이다. 물리적인 힘으로 다른 사람의 것을 빼앗는 것도 절도 행위고, 정신적인 힘으로 누군가의 물건을 빼앗는 것 역시 절도다. 둘은 원칙적으로 아무런 차이가 없다.

설령 상대방을 위한 일이라고 해도 타인에게 내 의지력을 강요할 권리가 없는 것은 마찬가지다. 무엇이 그 사람에게 이익을 주는지 알 수 없기 때문이다.

부자가 되는 과학적 방법은 어떤 상황에서도 다른 사람에게 힘이나 강압을 가해서는 안 된다고 말한다. 사실 그럴 이유가 조금도 없다. 타인에게 자신의 의지력을 강요하려는 시도는 목적을 달성하는 과정에 방해가 될 뿐이기 때문이다.

원하는 것을 당신에게 오게 하려고 의지력을 사용할 필요는 없다. 그것은 신을 강요하는 행위와 같아서 불손할 뿐 아니라 어리석고 쓸모없는 행동이다.

해가 떠오르게 하려고 의지력을 사용할 필요가 없는 것처럼 신을 강요하여 좋은 것을 받아내려고 할 필요가 전혀 없다.

당신에게 우호적이지 않은 신을 정복하려고 하거나, 내 소망에 적대적이고 완고한 힘을 굴복시키려고 의지력을 사용할 필요도 없다.

근원 물질은 당신에게 우호적이다. 당신이 무언가를 원하는 열망보다 더 절실하게 당신에게 원하는 것을 가져다주고 싶어 한다.

부자가 되고 싶다면 의지력을 자신에게 사용하기만 하면 된다.

무엇을 생각하고 어떤 행동을 해야 하는지 알고 있다면 다음 단계는 올바르게 생각하고 행동하는 데 자신의 의지력을 사용하는 것이다. 바로 이것이 원하는 것을 손에 넣기 위해 적절하게 의지력을 사용하는 방법이다. 올바른 길에서 벗어나지 않고 특정한 방식으로 생각하고 행동하기 위해 의지력을 사용하라.

자신의 의지력이나 생각 또는 마음을 우주에 투영해서 사물이나 다른 사람에게 작용시키려고 하지 마라.

마음을 비우고 자신의 내면에 집중해야만 더 많은 성취를 이룰 수 있다.

원하는 것에 대한 이미지를 형성하기 위해 마음을 활용하라. 믿음과 목적의식을 갖고 마음속 이미지에 집중하라. 마음이 올바른 방향으로 향할 수 있도록 의지력을 사용하라.

믿음과 목적의식이 더 강력하게 지속될수록 부자가 되는 속도도 빨라진다. 근원 물질에 긍정적인 인상만 전달하고 부정적인 인상으로 소망에 대한 이미지를 없애거나 상쇄하지 않기 때문이다.

믿음과 목적의식으로 그린 소망의 이미지는 무형의 근원 물질에 전달되어 우주 곳곳에 스며들고 퍼진다.

이렇게 근원 물질에 인식된 이미지가 우주 전체에 퍼지면 세상 모든 것이 그 이미지를 실현하기 위해 움직이기 시작한다. 모든 생물과 무생물, 아직 창조되지 않은 것들까지도 당신이 원하는 것을 실현하기 위해 움직인다. 모든 힘이 하나의 목적을 향해 작용하기 시작하며, 모든 것이 당신을 향해 움직인다. 모든 사람의 마음이 그 영향을 받아 당신의 열망을 실현하는 데 필요한 일을 하게 되고, 무의식중에 당신을 돕는다.

그러나 무형의 근원 물질에 부정적인 인상을 전달하면

이 모든 과정이 중단된다. 믿음과 목적의식이 세상 만물의 움직임을 당신에게 향하게 한 것처럼 의심과 불신은 만물을 당신에게서 멀어지게 만든다. '정신과학'을 이용하여 부자가 되려고 하는 많은 사람이 이 사실을 제대로 이해하지 못하기 때문에 실패를 경험한다. 의심과 두려움에 시달리고, 걱정으로 시간을 허비하고, 불신에 사로잡힌 모든 시간은 지성 물질이 지배하는 모든 영역에서 당신을 멀어지게 만든다.

모든 약속은 오로지 믿는 자들을 향한다. 예수가 믿음에 대해 얼마나 강조했는지 주목하라. 이제 그 이유를 알 수 있을 것이다.

믿음은 무엇보다 중요하다. 그러니 생각이 잘못된 길로 빠지지 않도록 주의를 기울여야 한다. 믿음은 무엇을 보고 무엇을 생각하는지에 따라 큰 영향을 받기 때문에 주의력을 통제하는 것은 매우 중요하다.

이때 우리는 의지를 사용해야 한다. 어떤 것에 주의를 집중할지 결정하는 것이 바로 의지이기 때문이다.

부자가 되고 싶다면 가난에 대해 자세히 연구할 필요가 없다.

소망과 반대되는 것을 생각하면 원하는 것을 손에 넣을 수 없다. 질병에 대해 생각하고 조사한다고 해서 건강을 얻을 수 없다. 죄를 생각하고 공부한다고 정의가 실현되는 것이 아니다. 가난에 대해 생각하고 공부한 사람은 절대 부자가 될 수 없다.

질병을 연구하는 의학은 오히려 질병을 증가시켰으며, 죄를 연구하는 종교는 범죄를 유발하는 결과를 만들었다. 경제학이 빈곤만 연구하게 되면 온 세상을 불행과 결핍으로 가득 채우게 될지도 모른다.

가난을 화제로 삼거나 가난에 대해 공부하거나 관심을 두지 마라. 가난의 원인이 무엇인지도 신경 쓰지 마라. 당신과는 하등 관계없는 일이다.

중요한 것은 해결책이다.

자선 사업이나 활동에 시간을 허비하지 마라. 자선 활동을 통해 없애려는 가난의 비참함을 존속시킬 뿐이다.

그렇다고 해서 타인의 절실한 도움을 외면하는 냉정하고 불친절한 사람이 되라는 말은 아니다. 지금까지 사람들이 해왔던 낡은 방식으로 가난을 없애려고 해서는 안 된나는 뜻이다. 가난 그 자체도, 가난과 관련된 그 어떤 것도 생각하지 말고 부자가 돼라.

부자가 되는 것이 가난한 사람을 돕는 가장 좋은 방법이다.

가난의 이미지로 마음을 가득 채우면 당신을 부자로 만들어 줄 이미지는 설 자리가 없다. 빈민 지역의 궁핍한 생활이나 아동 노동 착취의 끔찍한 실정 등을 다루는 책이나 기사를 읽지 마라. 마음을 빈곤과 고통의 우울한 이미지로 채우지 않길 바란다.

단순히 이런 사실을 안다고 해서 가난한 이들에게 도움을 줄 수 있는 것도 아니다. 가난에 대한 방대한 지식이 당장 빈곤을 없애지도 못한다.

가난을 없애고 싶다면 당신의 마음속에 가난의 이미지를 심는 것이 아니라 가난한 이들의 마음속에 풍족한 삶에 대한 이미지를 심는 것이 핵심이다.

불행과 고통의 이미지를 거부한다고 해서 가난한 이들을 불행 속에 버리는 것이 아님을 명심하라.

가난을 생각하는 부자들이 많아진다고 해서 가난이 없어질 일은 없다. 가난한 사람의 마음이 바뀌어야 한다. 부자가 될 수 있다는 확고한 신념을 가진 이들의 수가 늘어

날 때 빈곤이 사라질 수 있는 것이다.

가난한 사람에게 필요한 것은 자선이 아니라 영감이다. 자선은 가난한 이들에게 비참한 삶을 버티기 위한 빵 한 조각을 주거나 잠시 슬픔을 잊게 하는 오락거리를 제공할 뿐이다. 그러나 영감은 다르다. 그들을 슬픔 속에서 일어서게 만든다. 가난한 사람들을 돕고 싶다면 그들도 부자가 될 수 있다는 사실을 직접 보여줘라. 바로 당신이 먼저 부자가 되어 그 사실을 증명하면 된다.

이 세상에서 가난을 사라지게 하는 유일한 방법은 이 책의 가르침을 실천하는 사람들이 계속 많아지는 것이다.

사람들은 경쟁심이 부자를 만드는 것이 아니라 창조하는 힘이 부자를 만든다는 사실을 알아야 한다.

경쟁으로 부자가 된 사람들은 자신이 밟고 오른 사다리를 없애버리고 남은 이들을 가난 속에 방치한다. 그러나 창조의 힘으로 부자가 된 사람들은 다른 이들을 위해 부자가 될 수 있는 길을 열어주고 그 길을 따를 수 있도록 격려한다.

가난에 대한 농성을 거부하고, 가난을 보지 않고, 가난에 대해 읽거나 생각하거나 말하지 않고, 가난에 대해 말하는 이들에게 귀 기울이지 않는다고 해서 냉혹하거나 무정한 것이 아니다. 의지를 사용해서 가난에 대한 생각을 떨쳐 버리고, 믿음과 확신을 가지고 원하는 것에 대한 이미지에 집중하라.

제10장

의지를 더 구체적으로
사용하는 방법

　　현실에서든 상상으로든 소망과 반대되는 이미지에 계속
주의를 기울이면 부에 대한 진실하고 선명한 이미지를 유
지할 수 없다.

　　과거에 돈 때문에 금전상의 문제를 겪은 적이 있더라도
그에 대해 언급하지 마라. 돈 문제는 생각도 하지 마라. 부
모님이 가난으로 어려움에 처했던 일이나 어린 시절의 경
제적 문제에 대해서도 이야기하지 마라. 이런 생각을 하나

라도 말하게 되면 그 시간만큼은 심리적으로 자신을 가난한 사람으로 분류하게 된다. 원하는 것이 당신을 찾아오는 움직임이 방해를 받는다.

"죽은 자는 죽은 자들이 장사하게 하라."라고 예수는 말했다.

가난과 관련된 모든 것을 완전히 멀리하라.

이제 우리는 하나의 우주 법칙을 옳다고 믿고 받아들였다. 그리고 그 이론이 옳다는 것에 행복에 대한 모든 희망을 걸었다. 상반되는 다른 이론에 전혀 신경 쓸 필요가 없는 것이다.

세상이 곧 멸망한다고 말하는 종교 서적은 읽지 마라. 또 세상이 악으로 가득 찰 거라고 말하는 철학자나 비관주의 작가의 글도 읽지 마라.

세상은 멸망하지 않고 오히려 신에게 한 발짝 다가서고 있다.

세상은 놀라운 생성 과정에 있다.

물론 현실 사회에는 수많은 불쾌한 것들 역시 존재한다는 사실을 부정할 수는 없다. 하지만 이런 것들은 분명 사라지고 있는데 집중해봤자 무슨 소용인가? 그들이 사라지는 경로를 방해할 뿐이다. 진화적인 과정에서 자연스레 소멸하는 것에 시간과 관심을 쏟지 마라. 개개인이 자신의 자리에서 진화적인 성장을 촉진함으로써 이런 것들을 더 빨리 사라지게 할 수 있다.

어떤 나라나 지역이나 장소에서 일어난 상황이 끔찍하게 보이더라도, 그것들을 생각하고 고민해하는 것 자체가 시간 낭비이고 기회를 망치는 일이다.

세상이 더 풍요로워지는 것에 관심을 쏟아야 한다.

세상에서 사라져야 할 빈곤에 주의를 집중하지 말고 점점 더 풍족해지는 삶을 생각하라. 세상이 풍요로워지는 것을 돕는 유일한 방법은 경쟁적인 방법이 아닌 창조적인 방법으로 당신 자신이 먼저 부유해지는 것이다.

가난에 대한 생각을 버리고 풍요로움에 집중하라.

가난한 사람에 대해 생각하거나 말할 때는 그들이 부유해지고 있는 사람이라고 생각하고 대하라. 가난해서 불쌍하다고 여기지 말고 풍족해지고 있음을 축복받아 마땅하다고 여겨라. 그럼 그들도 자극을 받아 가난에서 빠져나올 방법을 찾으려 할 것이나.

부를 위해 모든 시간과 마음과 생각을 쏟으라는 것이

탐욕스럽고 이기적으로 살아야 한다는 뜻은 아니다.

진정으로 부유해지는 것은 인생에서 가질 수 있는 가장 고귀한 목표다. 그 안에 다른 모든 것을 담고 있기 때문이다.

돈을 벌기 위한 노력이 경쟁이 되면 다른 사람을 지배하기 위한 쟁탈전이 될 수도 있지만, 창조적인 마음으로 들어서면 모든 상황이 달라진다.

부유해지면 위대해지거나 영혼을 성장시키거나 봉사 또는 고귀한 노력을 실천하는 모든 활동이 가능해진다. 이 모든 것은 여러 가지 자원을 활용해야만 이룰 수 있기 때문이다.

건강이 좋지 않다면 건강해지기 위해 부자가 되어야 할 것이다.

돈 걱정에서 벗어나 근심 없는 삶을 살고 위생적인 습관을 갖고 살아야만 건강을 얻고 유지할 수 있다.

생존을 위한 투쟁을 넘어선 사람들만이 도덕적이고 영적인 성장을 이룰 수 있으며, 창조적 사고를 통해 부자가 되는 사람들만이 경쟁에서 비롯되는 모멸적인 영향에서 벗어날 수 있다. 가정의 행복을 바란다면 교양과 고차원적인 생각, 부정적인 생각에서 자유로워질 때 가족의 사랑이 가장 번성한다는 것을 기억하라. 이것은 모두 갈등이나 경쟁 없이 창조적 사고를 통해 부자가 되었을 때만 가능하다.

다시 말하지만, 부자가 되는 것보다 더 숭고하고 위대한 목표는 없다. 풍요로운 이미지에 집중하고 그 이미지를 약화시키는 모든 요소는 완전히 배제해야 한다.

모든 것의 이면에 숨겨진 진실을 보는 법을 배워야 한다. 겉으로는 나쁘게 보이는 것들 뒤에 감춰진 위대한 생명을 직시하고 그것이 완전하고 풍부한 행복을 표현하기 위해 계속 움직이고 있음을 이해해야 한다.

가난이란 없으며, 풍요로움만이 존재한다는 것이 진실임을 받아들여야 한다.

어떤 사람은 자신을 위한 부가 존재한다는 사실을 몰라서 계속 가난한 채로 남아 있다. 이들에게 가장 좋은 가르침은 당신이 몸소 실천하여 부자가 되는 것을 보여주는 것이다.

또 어떤 사람은 가난을 벗어날 길이 있다는 것을 알고 있음에도 그 길을 찾아서 실천하고 노력을 기울일 만큼 지적으로 부지런하지 못하기 때문에 가난을 면치 못한다. 이들을 위해 할 수 있는 가장 좋은 것은 올바른 방법으로 부자가 되었을 때 누릴 수 있는 행복을 보여줌으로써 부자가 되고 싶은 욕구를 자극하는 것이다.

부를 얻는 과학적인 방법에 대해 어느 정도 이해는 하고 있지만, 형이상학적 사상이나 신비주의 이론에 빠져 방향을 잃은 사람들도 있다. 이들은 다양한 방식으로 이것저것 시도하지만 모두 실패한다. 역시 가장 좋은 방법은 당신이 먼저 실천하여 부자가 되는 올바른 길을 보여주는 것이다. 백 마디 이론보다 실천이 제일임을 기억하라.

세상을 위해 할 수 있는 가장 좋은 일은 당신을 최대한 활용하여 성장하고 발전하는 것이다.

경쟁을 통해서가 아니라 창조적인 방법으로 부자가 돼라. 그것이 바로 신과 세상 모든 사람에게 가장 효과적으로 봉사하는 길이다.

한 가지 더 강조할 것이 있다. 이 책에는 부자가 되는 과학적인 방법이 상세하게 설명되어 있다. 이 내용이 사실이라면 부자가 되는 방법에 관한 다른 책은 더 읽어 볼 필요도 없다. 편협하고 다소 이기적으로 들릴지도 모르지만 한 번 생각해보라. 수학에서는 덧셈, 뺄셈, 곱셈, 나눗셈보다 더 과학적인 계산 방법은 없다. 다른 계산 방법은 존재하지도 않는다. 두 점 사이의 최단 거리는 하나뿐이다. 과학적인 사고 방법도 오직 한 가지밖에 없다. 바로 목표에 직행하는 가장 빠르고 단순한 길을 따르는 것이다. 이 책에서 설명한 방법보다 더 간결하게 부자가 되는 시스템을 수립한 사람은 없다. 불필요한 내용은 모두 배제했다. 이 책의 이론을 실천하기로 마음먹었으면 다른 책들은 전부 머릿속에서 깨끗이 지우길 바란다.

이 책을 항상 휴대하고 다니면서 매일 읽어라. 내용을 꼼꼼히 기억하고 다른 방법이나 이론에 눈을 돌리지 마라. 의심과 불신으로 가치관이 흔들릴 뿐이다. 그렇게 되면 실패하고 만다.

당신이 성공해서 부유해진 다음에는 원하는 대로 다른 이론을 공부해도 좋다. 그러나 원하는 것을 손에 넣었다는 확신이 들기 전까지는 이 책 이외에 다른 이론을 담은 책은 읽지 마라.

매일 세상에서 일어나는 뉴스에 대해서도 낙관적인 소식만 접해라. 마음속에 그린 이미지와 조화를 이루는 좋은 소식을 읽어라.

미신이나 신비주의도 금지다. 운명주의나 심령술 등과 관련된 미신도 멀리하라. 설령 죽은 자들이 살아서 가까이 있다고 해도 신경 쓰지 말고 당신의 일에만 집중하라.

죽은 자들이 어디에 있든 그들이 해결해야 할 일은 따로 있다. 우리는 그들을 방해할 권리가 없을뿐더러 도울 수도 없다. 그들이 우리를 도울 수 있는지도 불확실하다. 그럴 수 있다 해도 우리에게 그들의 시간을 빼앗을 권리는 없다.

죽은 자들과 사후세계는 신경 쓰지 말고 당신의 문제부터 해결하라. 부자가 돼라. 미신에 빠지면 정신적으로 혼란에 빠지고 희망이 좌초된다.

지금까지 설명한 기본 원칙을 다시 정리해보겠다.

만물을 창조한 생각하는 물질이 있다. 이 물질은 근원 상태에서 우주의 모든 공간에 스며들고, 침투하며, 우주를 가득 채운다.

이 물질 속에 생각이 깃들면 그 생각은 상상한 대로 형상을 창조한다.

인간은 무형의 근원 물질에 자신의 생각을 각인시켜 생각한 것을 창조할 수 있다.

이를 실현하려면 경쟁적인 마음에서 창조적인 마음으로 전환해야 한다. 마음속에 원하는 것에 대한 분명하고 구체적인 이미지를 형성하고, 원하는 것을 얻기 위한 확고한 목적의식과 신념으로 그 이미지를 마음에 고정해야 한다. 목적을 무너뜨리거나 마음속 이미지를 흐리게 하거나 신념을 꺾을 수 있는 것들로부터 마음을 보호해야 한다.

다음 장에서 특정한 방식으로 살아가며 행동하는 것에 대해 살펴보겠다.

제11장

특정한 방식으로
행동하라

생각은 사물을 만들어내는 창조적인 힘이다. 또 창조력을 작동하게 하는 원동력이다. 특정한 방식으로 생각하면 부유해질 수 있지만, 생각에만 의존하고 실천하지 않으면 무용지물이다. 이 점을 간과해 많은 철학적 사상가들이 실패를 자초한다. 생각이 행동으로 이어지지 않아서다.

인간은 아직 자연의 진화 과정이나 사람의 손을 거치지 않고 무형의 근원 물질에서 직접 무언가를 만들어낼 수 있는 단계에 이르지 않았다. 그래서 생각하는 것에서 그칠 것이 아니라 반드시 실천이 뒤따라야 한다.

생각만으로는 깊은 산중에 묻힌 금광을 당신에게 끌어올 수 있을지도 모른다. 하지만 금광은 저절로 채굴되지도 세공되지도 않는다. 20달러짜리 금화가 되어 내 손에 들어오지도 않는다.

신이 힘을 발휘하면 누군가는 당신을 위해 금을 채굴하고 또 다른 누군가는 거래를 통해 당신에게 금을 가져다주도록 개개인의 일이 조정될 것이다. 당신이 할 일은 금이 오면 잘 받을 수 있도록 준비를 하는 것이다. 생각은 생물이든 무생물이든 세상의 모든 존재를 움직여 원하는 것을 당신에게 가져오도록 일하게 만든다. 당신의 역할은 원하는 것이 왔을 때 그것을 제대로 받는 일이다. 원하는 것이 왔을 때 누군가의 자선으로 그것을 받거나 빼앗아서는 안 된다. 모든 사람에게 당신이 받은 현금 가치 이상의 사용 가치를 되돌려주어야 한다.

생각의 과학적인 활용법은 원하는 것에 대한 분명하고 뚜렷한 이미지를 형성하는 것부터 시작한다. 원하는 것을 얻기 위한 목적의식을 확고하게 정립하고 반드시 원하는 것을 얻게 되리라는 신념과 감사하는 마음으로 무장해야 한다.

당신의 생각을 미신이나 신비주의에 투영해 원하는 것을 얻을 수 있다고 생각하지 마라. 이런 헛된 노력은 온전한 정신으로 사고하는 힘을 약화시킬 뿐이다.

10장에서 부자가 되는 데 생각이 어떤 영향을 미치는지 충분히 설명했다. 확고한 믿음과 목적을 품은 마음속 이미지는 무형의 근원 물질에 긍정적으로 각인된다. 이 무형 물질은 인간과 마찬가지로 풍요로운 삶에 대한 열망을 품고 있다. 그래서 근원 물질이 이미지를 받으면 정해진 경로를 통해 세상 모든 창조적인 힘을 작동시켜 그 생각을 실현되게 만든다. 결국 원하는 것이 당신을 향하게 한다.

창조의 과정을 안내하거나 관리하는 것은 당신의 역할이 아니다. 마음속 이미지를 확고하게 유지하고 목적에 집중하며 믿음과 감사의 마음을 갖는 것이 당신이 할 일이다. 단, 특정한 방식으로 행동해야 한다. 그래야만 원하는 것이 왔을 때 그것을 적절한 장소에 두고 활용할 수 있다.

방금 한 말이 진실임은 쉽게 알 수 있다. 원하는 것이 당신에게 왔을 때 그것이 다른 사람의 손에 있다면 상대는 당신에게 그에 상응하는 대가를 요구할 것이다.

원하는 것을 얻으려면 상대에게 상응하는 대가를 지불해야 한다.

어떤 노력도 없이 지갑이 마술처럼 돈으로 가득 찰 일은 없다.

부자가 되는 과학적 방법의 결정적인 요소는 생각과 행동이 곧바로 이어져야 한다는 점이다. 많은 사람이 의식적이든 무의식적이든 강력한 열망과 끈기로 창조적인 힘을 작동시키지만, 원하는 것이 주어져도 받을 준비를 하지 못해서 가난을 면치 못한다.

생각은 원하는 것을 가져오게 만들지만 행동하지 않으면 그것을 받을 수 없다.

당신이 취해야 할 행동이 무엇이든 중요한 것은 '지금' 행동해야 한다는 것이다. 과거로 돌아가서 행동할 수는 없다. 마음속 이미지를 뚜렷하게 유지하려면 과거는 완전히 지워야 한다. 아직 다가오지 않은 미래에 대해서도 행동할 수 없다. 미래에 일어날 사태가 닥치기 전까지는 어떤 상황에서 어떻게 행동하고 싶은지 알 수 없기 때문이다.

지금 하는 일이나 환경이 맞지 않다고 해서 적절한 상

황이 올 때까지 행동을 미루어서는 안 된다. 누구도 모르는 미래의 일에 대해 해결책을 고민하느라 시간을 허비하지 마라. 그 상황이 닥쳤을 때 스스로 대처하는 능력을 믿어라.

마음이 미래에 가 있는 상태로 행동하면 현재의 행동은 산만해지고 효과가 없어진다. 현재의 행동에만 집중하라.

근원 물질에 창조적인 소망을 전달했다고 해서 가만히 앉아 결과만 기다려서는 안 된다. 그것만으로는 원하는 것을 얻을 수 없다. 지금 바로 행동하라. 지금이 아니면 기회는 없다. 앞으로도 오지 않는다. 원하는 것을 받을 준비는 바로 지금 시작해야 한다.

어떤 행동을 하든 현재의 일과 직장에서 시작하는 것이 먼저다. 현재 주어진 환경에서 주변 사람들과 상황에 대하여 행동하는 것이다.

현재가 아닌 곳에서는 행동할 수 없다. 과거에서도 미래에서도 행동할 수 없다. 오로지 현재에서만 행동할 수 있다.

어제의 일이 잘 끝났는지 아닌지 신경 쓰지 마라. 오늘할 일을 제대로 해라.

내일 할 일을 지금 하려고 하지 마라. 내일이 되면 그 일을 할 시간이 충분히 있을 것이다.

당신이 통제할 수 없는 사람이나 사물에 대해 미신이나 신비주의를 적용하려 하지 마라.

환경이 바뀔 때까지 기다리지 마라. 지금 행동으로 환경을 바꿔라. 현재 환경에서 행동을 통해 더 나은 환경으로 옮겨갈 수 있다.

확고한 믿음과 목적을 품고 더 나은 환경에 있는 자신의 모습을 떠올려라. 그리고 온 힘을 다해 현재의 환경에서 행동하라.

공상에 잠기거나 환상에 빠져 살지 마라. 원하는 것에 대한 단 하나의 이미지에 집중하고 지금 행동에 옮겨라.

부자가 되는 첫 단계부터 새로운 일을 찾거나 색다르거나 특별한 행동을 시도하려고 하지 마라. 적어도 당분간은 지금까지 해왔던 행동을 계속하게 될 가능성이 크다. 하지만 이제 당신은 특정한 방식으로 행동할 것이다. 그러면 반드시 부자가 될 수 있다.

지금 하는 일이 맞지 않다고 느끼더라도 적합한 일을 찾을 때까지 기다렸다가 행농하려고 하지 마라.

적성과는 동떨어진 일을 하고 있다고 해서 좌절하거나

주저앉아 한탄하지 마라. 지금 맞지 않는 일을 한다고 해서 자신에게 맞는 일을 영영 찾지 못하는 것은 아니다. 잘못된 길을 선택했더라도 다시 원하는 일을 찾을 수 있다.

반드시 원하는 일을 하겠다는 목적의식과 그것이 이루어지리라는 신념을 가지고 마음속에 소망하던 직업을 갖게 된 당신의 이미지를 뚜렷하게 그려라. 그리고 현재 자리에서 행동을 취하라. 지금 하는 일을 더 나은 일을 하기 위한 수단으로 활용하라. 그리고 더 바람직한 환경으로 가기 위해 현재의 환경을 이용하라. 믿음과 목적을 갖고 마음속에 내가 원하는 직업의 이미지를 계속 생각하면 결국 신이 당신에게 맞는 일을 찾아줄 것이다. 그리고 당신이 특정한 방식으로 행동한다면 결국 원하는 일이 당신에게 다가오게 될 것이다.

당신이 직장인이고 원하는 것을 얻기 위해 이직을 해야 할 필요성을 느끼고 있다고 해보자. 그 생각을 우주에 투영해 저절로 이직이 되리라고 의존해서는 안 된다. 그렇게 한들 실패하고 말 것이다.

원하는 직장에 대한 이미지를 머릿속에 계속 떠올리고, 신념과 목적을 갖고 현재 일하는 직장에서 행동을 취한다면 반드시 원하는 직장을 얻을 수 있다.

마음속에 그린 이미지와 확고한 믿음은 창조적인 힘을 움직여 당신을 원하는 직장으로 한 발짝 다가서게 한다. 당신이 취하는 행동은 현재 환경에서 힘을 일으켜 당신을 원하는 곳으로 데려다줄 것이다. 이 장을 마치며 원칙에 한 가지를 덧붙여 보겠다.

만물을 창조한 생각하는 물질이 있다. 이 물질은 근원 상태에서 우주의 모든 공간에 스며들고, 침투하며, 우주를 가득 채운다.

이 물질 속에 생각이 깃들면 그 생각은 상상한 대로 형상을 창조한다.

인간은 무형의 근원 물질에 자신의 생각을 각인시켜 생각한 것을 창조할 수 있다.

이를 실현하려면 경쟁적인 마음에서 창조적인 마음으로 전환해야 한다. 마음속에 원하는 것에 대한 분명하고 구체적인 이미지를 형성하고, 원하는 것을 얻기 위한 확고한 목적의식과 신념으로 그 이미지를 마음에 고정해야 한다. 목적을 무너뜨리거나 마음속 이미지를 흐리게 하거나 신념을 꺾을 수 있는 것들로부터 마음을 보호해야 한다.

원하는 것이 왔을 때 제대로 받으려면 현재 환경에서 주변의 사람들과 사물에 대해 행동을 취해야 한다.

제12장

효율적으로
행동하라

지금까지 책에서 설명한 방법에 따라 당신의 생각을 사용하라. 그리고 현재 속한 곳에서 당신이 할 수 있는 일을 시작하라. 지금 있는 곳에서 할 수 있는 모든 일을 해야 한다.

현재 있는 자리에서 최선을 다해 발전해야만 계속 앞으로 나아갈 수 있다. 지금 속한 곳에서 사신이 해야 할 일을 제대로 하지 않는 사람은 성장할 수 없다.

세상은 자신에게 주어진 역할 그 이상을 해내는 사람들 덕분에 발전한다.

현재 자리에서 자기 일을 성실하게 해내는 사람들이 없다면 세상 모든 것이 퇴보할 것이다. 자신이 맡은 일 하나도 제대로 하지 못하는 사람은 사회, 정부, 무역, 산업에 무거운 짐이 될 뿐이다. 결국 다른 사람들이 그들을 대신해 큰 부담을 짊어져야 한다.

자기 자리에서 책임을 다하지 않은 사람들 때문에 세상의 발전과 진보가 늦어진다. 이런 사람들은 구시대적인 사고방식으로 삶의 낮은 단계에 머무르며 퇴보하는 경향이 강하다. 자신이 맡은 일을 제대로 해내지 못하는 사회 구성원들만 있다면 어떤 사회도 발전할 수 없다. 사회의 발전은 물리적·정신적 진화의 법칙에 따라 이루어지기 때문이다.

동물의 세계에서 진화는 생명력의 과잉 때문에 발생한다. 어떤 생물이 자신의 종에서 표현할 수 있는 기능보다 더 풍부한 생명력을 갖게 되면 그 생물은 더 고차원적인 기관을 발달시키고 결국 새로운 종을 탄생시킨다.

본래의 기능을 넘어선 능력을 발휘하는 생명체가 없었다면 어떤 종류의 새로운 종도 탄생할 수 없었을 것이다.

이 법칙은 당신에게도 똑같이 적용된다. 부자가 될 수 있는지는 이 원칙을 자신에게 어떻게 적용하느냐에 달렸다.

하루하루는 성공한 날이거나 실패한 날이다. 원하는 것을 얻은 날이 성공한 날이다. 날마다 계속 실패한다면 부자가 될 수 없다. 반대로 날마다 계속 성공한다면 반드시 부자가 될 수 있다.

오늘 해야 할 일을 하지 않고 미룬다면 그 일에 대해서는 실패한 것이다. 그리고 그 결과는 상상했던 것보다 훨씬 더 절망적일 수 있다.

우리는 아주 사소한 행동의 결과도 예측할 수 없는 존재들이다. 그렇기에 당신의 이익을 위해 움직이는 모든 힘의 작용도 알 수 없다. 작은 행동 하나가 결과를 좌지우지하고 커다란 기회의 문을 열지도 모른다. 절대적인 지성이 무수한 사물과 인간이 공존하는 세계에서 당신을 위해 어떤 것을 조합하고 있는지 결코 알 수 없다. 그렇기에 사소한 일이라도 간과하거나 실패한다면 원하는 것을 얻는 시간이 훨씬 지체될 수도 있다.

매일 그날 할 수 있는 일은 전부 마쳐라. 단, 그 전에 고려해야 할 제한사항과 조건이 있다.

단기간에 많은 일을 끝내려고 지나치게 일하거나 맹목적으로 일에 뛰어들어서는 안 된다.

내일 할 일을 오늘 끝내려고 하거나 일주일은 걸려야 마치는 일을 하루에 다 하려고 해서도 안 된다.

중요한 것은 얼마나 많은 일을 끝내느냐가 아니라 행동의 효율성이다.

모든 행동은 성공이나 실패 중 하나다.

모든 행동은 효율적이거나 비효율적인 것 중 하나다.

비효율적인 행동은 실패를 가져올 뿐이며, 비효율적인 행동이 계속되면 인생 전체도 결국 실패하고 만다.

비효율적인 행동은 하면 할수록 더 최악의 결과를 불러온다.

반면에 효율적인 행동은 그 자체로 성공이다. 모든 행동이 효율적이면 인생도 반드시 성공할 수밖에 없다.

실패의 원인은 너무 많은 일을 비효율적인 방식으로 하기 때문이다.

비효율적인 행동을 하지 않고 효율적인 행동을 많이 할수록 부자가 된다는 사실은 자명하다. 모든 행동을 효율적으로 한다면 부자가 되는 것은 수학처럼 정확한 과학 법칙이 된다.

이제 문제는 각각의 행동을 모두 효율적인 방식으로 하는 것이다. 당신은 반드시 그렇게 할 수 있다.

우주의 모든 힘이 당신을 돕기 때문에 어떤 일도 성공적으로 해낼 수 있다. 그 힘은 실패하는 법이 없다.

당신은 우주의 힘을 자유롭게 사용할 수 있다. 모든 행동을 효율적으로 하려면 그 힘을 원동력으로 삼아 행동하기만 하면 된다.

모든 행동은 강하거나 약하거나 둘 중 하나다. 모든 행동이 강력하다면 당신은 부자가 되는 특정한 방식으로 행동하고 있는 것이다.

모든 행동을 강력하고 효율적으로 만들려면 행동을 할 때 마음속에 소망의 이미지를 떠올리면서 확고한 믿음과 목적의식을 가지고 모든 힘을 거기에 집중해야 한다.

마음의 힘과 행동을 별개라고 생각하는 사람들은 이 점을 간과하고 실패한다. 그들은 어떤 시간과 장소에서 마음의 힘을 다 써버리고 또 다른 시간과 장소에서 행동한다. 그래서 그들의 행동은 그 자체로 성공적이지 않다. 너무 비효율적이기 때문이다. 그러나 모든 행동에 우주의 힘을 쏟

아부으면 아무리 사소한 일이라도 성공하게 된다. 자연의 본성이 그렇듯 성공은 또 다른 성공을 불러오는 법이다. 당신이 원하는 것으로 다가가는 속도와 원하는 것이 당신을 향해 오는 속도 또한 점점 빨라질 것이다.

성공적인 행동이 누적되어 좋은 결과를 가져온다는 사실을 명심하라. 풍요로운 삶을 바라는 욕구는 만물에 깃들어 있기에 우리가 더 나은 삶을 향해 나아간다면 더 많은 것들이 우리에게 다가올 것이다. 결국 소망의 영향력도 훨씬 커지게 된다.

매일 그날 해야 할 일을 끝마쳐라. 그리고 모든 행동을 효율적인 방식으로 하라.

사소하고 평범한 일이더라도 그 일을 하는 동안 마음속에 소망의 이미지를 떠올려야 한다고 말했다. 하지만 그렇다고 해서 이미지의 세세한 사항까지 전부 떠올려야 한다는 뜻은 아니다. 이미지의 세세한 부분을 상상하고 확실하게 기억할 수 있도록 찬찬히 관찰하는 일은 여가 시간을 활용하면 된다.

빠른 결과를 원한다면 시간이 날 때마다 이 연습을 하는 것이 좋다.

생각과 관찰하는 훈련을 계속하면 원하는 것에 대한 세세한 부분까지도 확실히 그릴 수 있으며 마음에 그 소망을 뚜렷하게 각인시키는 것이 가능하다. 그 결과 무형의 근원 물질에 그 소망을 완벽하게 전달할 수 있게 된다. 일하는 동안에 마음속에 그 이미지를 떠올리기만 해도 믿음과 목적의식이 자극을 받아 맡은 일에 최선의 노력을 다하게 된다. 시간이 날 때마다 이미지를 깊게 관찰하고 생각하여 당신의 의식을 소망에 대한 이미지로 가득 채워라. 원할 때 즉각적으로 이미지를 떠올릴 수 있게 만들어라. 희망적인 약속의 이미지는 그것을 생각하는 것만으로도 강력한 에너지를 불러일으킬 것이다.

이번 장에서 배운 내용을 추가해 지금까지 배운 원칙을 다시 정리해보자.

만물을 창조한 생각하는 물질이 있다. 이 물질은 근원 상태에서 우주의 모든 공간에 스며들고, 침투하며, 우주를 가득 채운다.

이 물질 속에 생각이 깃들면 그 생각은 상상한 대로 형상을 창조한다.

인간은 무형의 근원 물질에 자신의 생각을 각인시켜 생

각한 것을 창조할 수 있다.

　이를 실현하려면 경쟁적인 마음에서 창조적인 마음으로 전환해야 한다. 마음속에 원하는 것에 대한 분명하고 구체적인 이미지를 그리고, 원하는 것을 얻기 위한 확고한 목적의식과 신념으로 그 이미지를 마음에 고정해야 한다. 그리고 매일 그날 해야 할 일을 마치되 모든 일을 효율적으로 해야 한다.

제13장

자신에게
맞는 일을 찾아라

어떤 일을 하든 성공이란 그 일에 필요한 잘 계발된 능력을 갖추었느냐에 달렸다.

훌륭한 음악 교사가 되려면 음악적 재능이 있어야 하고, 기계 분야에서 대성하려면 기계를 다루는 숙련된 재능이 필요하다. 또 장사에서 돈을 벌려면 요령과 자질 없이는 성공하기 어렵다. 그러나 직업에 필요한 숙련된 재능이 있다고 모두가 부자가 되는 것은 아니다. 탁월한 재능을 갖고 있지만 가난하게 살아가는 음악가들도 있다. 숙련된 능력을 갖춘 대장장이나 목수들도 가난한 경우가 많다. 또 장사 수완이 뛰어난 장사꾼이라도 실패를 경험한다.

이러한 재능은 도구다. 좋은 도구를 소유하는 것도 중요하지만 올바르게 사용하는 것은 더욱 중요하다. 예리한 톱날과 곱자와 정교한 대패 등의 도구를 가지고 아름다운 가구를 만들어내는 사람도 있지만, 같은 도구로 똑같이 만들려고 해도 볼품없는 결과를 내는 사람도 있다. 좋은 도구라도 성공적으로 사용하는 법을 모르기 때문에 그렇다.

당신이 가진 다양한 재능은 부자가 되는 과정에서 활용해야 할 도구 역할을 한다. 내면의 도구를 잘 활용할 수 있는 사업을 한다면 성공하기도 한층 쉬울 것이다.

일반적으로 사람들은 자신이 가진 가장 강력한 재능, 즉 선천적인 능력을 활용할 수 있는 일에서 최상의 성과를 낸다. 물론 항상 그렇지는 않다. 타고난 성향이 항상 직업을 결정하지는 않기 때문이다.

우리는 어떤 일을 하든 부자가 될 수 있다. 만일 그 일에 적합한 재능이 없다면 언제든 그 재능을 계발하면 된다. 타고난 재능만 사용하는 것이 아니라 일을 하면서 자신만의 도구를 만들어 가면 되는 것이다. 물론 일에 어울리는 재능을 이미 갖추고 있다면 성과를 내기가 더 쉬울 것이다. 하지만 그렇지 않더라도 어떤 직업을 선택하든 성공할 수 있다. 아무리 서툴러도 숙련될 수 있으며, 어떤 재능이든 발전할 수 있는 기본기는 누구나 갖추고 있기 때문이다.

당신에게 가장 잘 맞는 일을 한다면 적은 노력으로도 쉽게 부자가 될 수 있다. 그러나 무엇보다 중요한 것은 원하는 일을 하면서 가장 만족스럽게 부자가 되는 것이다.

하고 싶은 일을 하며 사는 것이 인생의 묘미다. 평생 하고 싶은 일은 못 하고 싫어하는 일만 하며 살아야 한다면 삶에서 느끼는 진정한 만족감을 얻기 힘들 것이다.

원한다면 누구나 자신이 하고 싶은 일을 할 수 있다. 어떤 일을 원하는 열망은 우리 내면에 그것을 할 수 있는 능력이 숨어 있다는 증거다.

열망은 자신이 가진 힘의 표현이다.

예를 들어, 음악을 연주하고 싶은 열망은 연주할 수 있는 내면의 힘이 밖으로 표현되어 발전하기를 바라는 것이나. 기계 장치를 발명하고 싶은 열망은 기계를 다루는 재능이 밖으로 나와 자신의 능력을 표현하고 싶어 하는 것이다.

능력이 미숙하든 능숙하든 어떤 일을 할 힘이 없다면 그 일을 하고자 하는 열망도 없다. 무언가를 하고 싶다는 강력한 열망이 있다면 그 일을 하기 위한 힘이 강력하다는 증거다. 남은 건 그 능력을 올바르게 키우고 사용하는 것뿐이다.

다른 조건이 모두 똑같다면 자신의 재능을 가장 효과적으로 발휘할 수 있는 일에 전념하는 것이 최선이다. 그러나 어떤 일을 하고 싶은 강력한 열망이 있다면 그 일을 궁극적인 목표로 삼아야 할 것이다.

우리는 언제든 원하는 일을 할 수 있다. 누구에게나 자신에게 가장 잘 맞고 즐거운 일을 선택할 수 있는 권리와 특권이 있다.

내키지 않는 일을 억지로 할 필요도 없다. 하고 싶은 일을 하기 위한 수단이 아닌 이상, 하기 싫은 일을 해야 할 의무는 없다.

과거의 실수 때문에 원치 않는 일이나 환경에 놓이게 되었다면 당분간은 하기 싫어도 그 일을 계속해야 할지도 모른다. 하지만 그 일이 나중에 원하는 일을 할 수 있게 해주는 중간다리 역할을 해준다고 믿으면 더 즐겁게 일할 수 있을 것이다.

직업이 적성에 맞지 않다고 느껴도 너무 성급하게 이직하려고 해서는 안 된다. 직업이나 환경을 바꾸는 가장 좋은 방법은 먼저 자신의 성장을 통해서라는 사실을 명심하라.

그러나 심사숙고 끝에 적합하다고 판단되는 기회가 찾아왔다면 급격한 변화를 두려워 말고 바로 기회를 잡아야 한다. 그러나 선택에 조금이라도 의심이 들 때는 과감하게 포기해라.

창조적인 생각을 가지면 서두를 필요가 없다. 기회는 충분하기 때문이다.

경쟁적인 생각을 버리면 서두르지 않아도 된다는 사실을 이해하게 될 것이다. 누구도 당신이 하고 싶은 일을 빼앗지 않는다. 모두에게 충분한 기회가 열려 있기 때문이다. 다른 사람이 어떤 기회를 선점했다고 해도 더 나은 기회가 곧 당신에게 찾아올 것이다. 시간은 충분하기에 의심이 들 때는 기다려라. 마음속에 그렸던 이미지를 찬찬히 관찰하고, 믿음과 목적의식을 바로삽고, 의심과 불안함이 밀려와도 감사한 마음을 표현해야 한다.

내가 그린 이미지를 꼼꼼하게 살피고 원하는 것이 실현되고 있다는 데 진실한 감사를 표현하라. 그러면 우리 마음은 신과 밀접한 관계를 맺게 되고 어떤 행동을 취해도 실수하지 않게 된다.

세상에 존재하는 모든 것을 아는 마음이 있다. 깊이 감사하는 마음과 더 나은 삶을 살고자 하는 믿음과 목적이 있으면 그 마음과 밀접한 결합을 이룰 수 있다.

때로 실수는 너무 서두르거나, 두렵고 불안한 마음에서 행동하거나, 만물에 풍요로움을 가져다준다는 올바른 동기를 잊어버릴 때 나타난다.

특정한 방식을 따라 행동하면 기회는 더 많이 찾아올 것이다. 믿음과 목적의식을 확고히 하고, 깊은 감사의 마음으로 신과 밀접한 관계를 맺어라.

매일 완벽하게 그날 할 수 있는 일을 끝내라. 서두르지 말고, 걱정하지 말고, 두려워 말고 행동하라. 효율적으로 일하되 절대 서둘러서는 안 된다.

서두르기 시작하는 순간, 창조력을 잃고 경쟁하는 존재로 전락한다. 다시 이전의 경쟁 상태에 빠지게 된다.

서두르고 있다는 생각이 들면 바로 멈춰라. 원하는 것

에 대한 마음속 이미지에 집중하고 그것이 실현되고 있는 것에 깊은 감사를 표현하라. 감사한 마음을 표현하는 것은 언제나 믿음을 강화하고 목적의식을 고취한다.

제14장

성장하고 있다는
인상을 심어줘라

직업을 바꾸든 그대로 있든 당신이 지금 하는 행동은 반드시 현재의 직업과 관련된 것이어야 한다. 이미 숙련된 업무 능력을 건설적으로 활용하여 매일 특정한 방식으로 일하면 원하는 일에 한 발짝 가까워질 수 있을 것이다.

직업상 직접 사람을 만나거나 이메일 등을 활용하는 일이 많다면 성공의 핵심은 상대방의 마음에 발전하고 있다는 인상을 심어주는 것이다.

개개인의 성장과 발전은 남녀노소를 막론하고 모든 사람이 추구하는 것이다. 이것은 우리 안에 존재하는 무형의 지성이 자신을 더 완전하게 표현하려는 욕구다.

성장에 대한 열망은 모든 생명체에 내재해 있으며 우주의 본질적인 욕구다. 그래서 인간이 하는 모든 활동 이면에는 성장에 대한 욕구가 자리 잡고 있다. 우리가 더 많은 음식과 의복, 안정적인 주거공간, 호화로운 사치품, 아름다움과 풍부한 지식, 삶의 즐거움을 추구하며 더 풍요로운 삶을 살고자 하는 이유는 바로 이 열망 때문이다.

이처럼 모든 생명체는 지속적인 성장과 발전을 추구한다. 성장을 멈추면 생명은 그 즉시 소멸하고 해체된다.

인간은 이 사실을 본능적으로 알고 있기 때문에 계속 더 많은 것을 원한다. 끊임없이 계속되는 이 성장의 법칙은 예수가 달란트(재능)에 대한 비유를 통해 제시한 바 있다. "누구든지 있는 자는 더 받겠고 없는 자는 있는 것마저 빼앗기리라."

부자가 되기를 원하는 자연스러운 욕구는 악한 것도 비난받을 것도 아니다. 그서 더 풍요로운 삶을 원하는 순수한 열망일 뿐이다.

또 이 열망은 인간 본성에 내재한 가장 강력한 본능이기 때문에, 모든 사람은 자신에게 풍부한 삶의 수단을 더 많이 제공하는 사람에게 끌릴 수밖에 없다.

책에서 설명한 특정한 방식에 따라 행동하면 계속해서 자신을 성장시키고 주변의 모든 이들의 발전을 돕는 존재가 될 수 있다.

당신은 모든 사람의 성장을 돕는 창조의 중심이다.

이 사실을 명심하고 주변의 모든 사람에게 이 확신을 전하라. 아무리 사소한 거래라도(설령 그것이 어린아이들에게 막대 사탕을 파는 일이라도) 그 안에 성장과 발전에 대한 생각을 심어 고객이 감명을 받게 만드는 것이다.

무슨 일을 하든 상대에게 발전하고 있다는 인상을 심어주는 것이 중요하다. 당신이 항상 발전하는 사람이자, 주변의 모든 이들을 함께 성장시키는 사람이라는 이미지를 심어줘라. 꼭 일과 관련되지 않더라도 일상에서 만나는 사람에게도 같은 생각을 전하라.

이 모든 것은 스스로 성장하고 있다는 확고한 믿음 없이는 불가하다. 이 확고한 믿음이 당신이 하는 모든 행동에 영감을 주고 모든 행동에 스며들어 사람들에게 발전하고 있다는 인상을 전할 수 있는 것이다.

어떤 행동을 하든 자신이 발전하는 사람이라는 확신을 품고 주변 사람들도 함께 성장하게 하고 있다는 굳건한 믿음을 갖는 것이 중요하다.

이미 부자가 되고 있다고 느껴라. 그리고 이를 통해 다른 사람들에게도 풍요로움을 전하고 그들 모두에게 혜택을 주고 있다고 확신하라.

성공을 자만하거나 불필요하게 떠벌리지 마라. 진정한 믿음을 품고 있는 사람은 결코 과시하지 않는다.

자만하는 사람들은 사실 남몰래 의심하고 불안해한다. 확고한 신념을 갖고, 어떤 거래를 하더라도 그 신념이 바탕이 되게 하라. 모든 행동과 말투와 표정에서 부자가 되고 있으며, 이미 부를 손에 넣었다는 강한 확신을 드러내라. 이런 느낌을 전달하는 데 굳이 말이 필요하지 않다. 사람들은 당신과 함께할 때 발전한다는 감각을 느끼고 저절로 당신에게 끌릴 것이다.

사람들이 당신과 함께할 때 더 발전할 수 있을 것이라는 감각을 심어주어야 한나. 상대에게 받는 현금 가치보다 더 큰 이용 가치를 되돌려 줘라.

자신의 행동에 진정한 자부심을 느끼고 상대도 그것을 알게 하라. 그렇게 하면 고객은 저절로 모여들 것이다. 사람은 누구나 자신이 발전할 수 있는 곳으로 움직인다. 모든 생명의 성장을 원하고 모든 것을 아는 신이 당신이 전혀 몰랐던 사람들을 당신에게 데려다줄 것이다.

사업은 빠르게 성장하고 놀라운 성과를 얻게 될 것이다. 매일매일 사업은 더 확장되고, 더 많은 이윤을 남기고, 원한다면 더 잘 맞는 직업을 가질 수도 있다.

단, 이 모든 과정에서 원하는 것에 대한 마음속 이미지와 원하는 것을 얻어내고야 말겠다는 신념과 목적의식을 절대 잊어서는 안 된다.

행동의 동기에 관해 주의할 점을 짚고 넘어가 보자.

다른 사람을 지배하려는 교활한 유혹을 경계하라. 미성숙한 사람들은 남에게 권력이나 지배력을 행사하는 것을 무엇보다 즐거워한다. 이기적인 만족을 위해 남을 지배하려는 욕구는 세상을 악으로 물들게 한다. 오랜 세월 동안 왕과 군주들은 자신의 지배 영토를 넓히려고 전쟁을 하고 수많은 사람을 희생시켰다. 모두를 위한 풍요로운 삶을 위해서가 아니라 오로지 자신의 권력을 더 확대하기 위해 저

지른 일이다.

오늘날 비즈니스와 산업계의 주된 동기도 다를 바 없다. 엄청난 돈을 무기로 삼아 다른 사람들을 지배하기 위해 쟁탈전을 벌이며 수백만 명의 삶과 마음을 황폐하게 만들고 있다. 기업가들도 과거의 왕이나 군주들처럼 권력욕에 사로잡혀 있다.

예수는 이들의 지배욕을 그가 타도하고자 했던 악한 세계를 움직이는 원동력이라고 보았다. 마태복음 23장에서 따르면, 바리새인들은 자신들이 '스승'이라고 불리기를 갈망하고 높은 자리에 앉아 다른 이들을 지배하고 불우한 사람들에게 무거운 짐을 지우려고 했다. 예수는 그들의 지배욕을 제자들이 추구해야 하는 선의의 노력과 비교하며 비판했다.

권력을 추구하고, 대접받기를 바라고, 남들보다 우월한 존재가 되고 싶고, 호화롭게 보이고 싶은 유혹을 경계해야 한다.

남을 지배하려는 마음은 경쟁심에 찬 마음이며, 경쟁심에 찬 마음은 창조적인 마음이 아니다. 환경과 운명을 통제하려고 주변 사람들까지 지배해야만 하는 것은 아니다.

높은 자리를 차지하려고 경쟁에 빠지게 되면 결국 운명과 환경에 지배당하는 결과를 불러온다. 그렇게 되면 부자가 되는 것도 순전히 운과 추측에 의존하게 되는 것이다.

경쟁심을 경계하라! 새뮤얼 존스의 '황금률'만큼 창조적인 행동의 원칙을 잘 설명한 말은 없다.

"무엇이든지 남에게 대접을 받고자 하는 대로 너희도 남을 대접하라."

제15장

발전하는
사람

앞에서 언급한 내용은 상업 활동에 종사하는 사람뿐 아니라 전문직이나 월급을 받는 직장인에게도 똑같이 적용된다.

의사나 교사, 성직자들도 마찬가지다. 다른 사람들이 더 발전할 수 있게 돕고 그들이 그것을 깨닫게 한다면 사람들은 서설도 당신에게 늘릴 것이고, 당신은 부를 손에 넣게 될 것이다. 예컨대, 훌륭하고 성공적인 치료자가 되겠다는 목표를 가진 의사가 책에서 설명한 대로 확고한 신념과 목적의식을 품고 원하는 바를 온전히 이루기 위해 노력한다면 생명의 근원인 신과 가까워져 놀라운 성공을 이룰 수 있다. 환자들은 끊임없이 그에게 몰려올 것이다.

이 책의 내용을 특히 더 잘 실천할 수 있는 직업이 바로 의사다. 어떤 의학 분야에 속하든 치유의 원리는 공통적으로 적용되며 모든 이들이 똑같이 실행할 수 있다. 자신이 성공적인 치료자라는 명확한 이미지를 품고, 신념과 목적과 감사하는 마음을 가진 의사는 어떤 질병이라도 치료할 수 있다.

종교 분야에서도 풍요로운 삶에 대한 진실한 원칙을 가르칠 수 있는 성직자를 간절하게 찾고 있다. 부자가 되는 과학적인 법칙을 이해하고, 건강하고 훌륭하고 사랑을 얻는 법칙을 가르치는 이들에게는 항상 신도들이 넘쳐날 것이다. 이것이 세상이 필요로 하는 복음이다. 이러한 가르침은 삶의 풍요로움을 가져오기에 사람들은 기쁘게 이를 실천하고 가르침을 준 사람을 지지하고 응원할 것이다.

이제 그들에게 필요한 것은 삶의 과학을 증명하는 것이다. 부자가 되는 방법을 가르쳐주는 것뿐만 아니라 직접 실천하는 것을 보여줄 수 있는 설교자가 필요하다. 직접 부자가 되고, 건강해지고, 사랑받는 사람이 되어 어떻게 하면 그렇게 될 수 있는지 알려주는 것이다. 그렇게 되면 수많은 추종자가 그를 따를 것이다.

교사도 마찬가지다. 그들이 아이들에게 발전하는 삶에 대한 믿음과 목적을 심어줄 수 있다면 직장을 잃을 일은 절대 없을 것이다. 이러한 믿음과 목적을 가진 교사는 제자들에게도 그 마음을 전할 수 있다. 믿음과 목적이 삶의 일부라면 주변 사람들에게 이를 전하지 않고는 못 견딜 것이다.

교사, 성직자, 의사와 마찬가지로 변호사, 치과의사, 부동산 중개인, 보험 대리인 등 모든 이들도 마찬가지다.

앞에서 언급한 대로 생각과 행동이 결합하면 실패할 일이 없다. 이 가르침을 끈기 있게 꾸준히, 그리고 꼼꼼하게 실행하는 사람들은 모두 부자가 될 수 있다. 인생이 풍요로워지는 법칙은 만유인력의 법칙처럼 정확하다. 부자가 되는 것은 이처럼 정확한 과학의 영역이다.

월급을 받는 직장인들 역시 앞에서 언급한 나른 식종의 사람들과 다를 바 없다. 당장 눈앞에 발전의 기회가 없고 월급은 적은데 생활비는 높은 지역에서 일한다고 해서 부자가 될 기회가 없다고 생각하지 마라. 마음속에 원하는 것에 대한 명확한 이미지를 그리고 신념과 목적의식을 품고 일하라.

매일 할 수 있는 모든 일을 성공적인 방식으로 수행하라. 어떤 일을 하더라도 성공 의지와 부자가 되겠다는 목적의식을 담아라.

그러나 단순히 고용주에게 잘 보여 승진하려는 목적으로 이런 행동을 해서는 안 된다. 그렇게 한다고 해서 고용주가 당신을 승진시킬 가능성은 별로 없다.

자신의 위치에서 최선을 다하며 그것에 만족하는 성실한 직원이라면 고용주도 그를 좋게 평가하겠지만 승진시키는 것에는 큰 관심이 없을 것이다. 그 직원은 현재 자리에서 일할 때 더 가치가 있기 때문이다.

그래서 승진을 보장받으려면 자신의 현재 위치에서 필요한 역량보다 더 많은 능력을 발휘해야 한다.

발전할 것이 확실한 사람은 자신의 직급보다 더 많은 역량을 갖춘 사람이다. 자신이 원하는 것을 분명히 알고, 바라는 모습대로 될 수 있음을 알고, 그렇게 되기 위한 강한 의지를 가진 사람이다.

단순히 상사에게 잘 보이려고 현재 직급 이상의 능력을 발휘하지 마라. 자신의 발전을 위해 그렇게 하라. 일하는 동안에도, 일이 끝난 후에도, 일을 하기 전에도 발전하겠다는 확고한 신념과 목적을 가져라. 상사든 동료든 지인이든 당신과 관계된 모든 이들이 당신이 품고 있는 강력한 목적의식을 느낄 수 있게 하라. 그렇게 하면 사람들은 당신이 발전하는 사람이라는 사실을 깨닫고 당신에게 끌릴 것이다. 현재 직장에서 승진의 가능성이 없다고 해도 곧 다른 일을 찾을 기회를 발견할 것이다.

책에서 말한 특정한 방식을 실천하며 발전하는 사람에게는 언제나 기회가 주어진다.

특정한 방식으로 행동하면 신은 당신을 돕지 않을 수 없다. 그것은 신 자신을 위한 일이기도 하기 때문이다.

처한 환경이나 시장 상황이 열악하더라도 그것이 당신을 좌절시킬 수는 없다. 철강 회사에 근무하며 부자가 되지 못한다면 소규모 농지를 사서 농사를 지어 부자가 될 수도 있다. 특정한 방식을 따르기 시작하면 쳇바퀴 같은 노동자의 삶에서 벗어나 농장이든 어디든 원하는 곳으로

갈 수 있다.

예컨대 철강 회사에서 일하는 수천 명의 직원이 이 특정한 방식을 따르기 시작한다면 철강 회사는 머지않아 궁지에 몰릴 것이다. 직원들에게 더 많은 기회를 제공하지 않으면 사업을 접어야 할지도 모른다. 누구도 회사를 위해 일할 필요는 없다. 회사가 사람들을 절망적인 상황에 빠지게 하는 경우는 한 가지뿐이다. 부자가 되는 과학에 무지한 사람이나 방법을 알고도 실천하지 않는 게으른 사람들만 모여 있는 조직이라면 그렇게 될 수밖에 없다.

특정한 방식으로 생각하고 행동하기 시작하라. 그러면 당신의 믿음과 목적이 상황을 개선할 수 있는 어떤 기회도 놓치지 않게 해줄 것이다.

모든 생명을 위해 일하는 절대적인 힘이 당신에게 기회를 가져다줄 것이기 때문이다.

원하는 모든 것을 한 번에 가져다줄 기회를 기다리지 마라. 지금보다 더 나은 사람이 될 기회가 왔고 그것에 끌린다면 반드시 기회를 잡아라. 더 큰 기회를 향한 첫걸음이 될 것이다.

이 우주에서 매일 발전하는 삶을 살아가는 사람에게는

무한한 기회가 열려 있다.

우주 만물은 발전하는 사람을 위해 존재하며 그의 이익을 위해 작용한다. 이것이 우주의 본질이기 때문이다. 그 사람이 특정한 방식으로 생각하고 행동한다면 반드시 부자가 될 것이다. 그러니 월급을 받는 직장인이라면 이 책을 더욱 신중하게 읽고 연구하길 바란다. 확신을 가지고 책에서 알려주는 행동 방식을 따라라. 결코 실패하지 않을 것이다.

제16장

주의사항과
결론

부를 손에 넣는 확실한 과학 법칙이 있다고 하면 비웃을 사람이 많을지도 모르겠다. 그들은 부의 공급이 한정되어 있다고 생각하기 때문에 사회 정책이나 정부 제도가 바뀌어야만 많은 사람이 부유해질 거라고 주장한다.

하지만 이것은 사실이 아니다.

현 정부가 대중을 가난하게 내버려 두는 것은 사실이지만 이것은 대중이 특정한 방식으로 생각하고 행동하지 않기 때문이다.

대중이 책에서 언급한 방식을 따르기 시작하면 정부나 산업 체계도 그들이 가는 길을 방해할 수 없다. 모든 사회적 체계는 대중의 변화를 수용하기 위해 수정되어야 할 것이다.

발전하는 마음과 부자가 될 수 있다는 확신과 부자가 되고야 말겠다는 확고한 목적을 가지고 앞으로 나아간다면 무엇도 그들을 가난하게 둘 수 없을 것이다.

정부 체제를 막론하고 개개인들은 언제든 특정한 방식으로 행동하여 부자가 될 수 있다. 어떤 정부에서든 많은 사람이 이를 실천한다면 체제를 수정해서라도 부자가 되는 길을 열 수 있다.

경쟁으로 부자가 되는 사람이 많아질수록 사람들은 부정적인 영향을 받는다. 그러나 창조력을 발휘해 부자가 되는 사람이 많아질수록 사람들은 긍정적인 영향을 받을 것이다.

대중이 경제적으로 구원받는 길은 보다 많은 사람이 책에서 제시한 과학석 방법을 따르고 부자가 되는 것이다. 이를 통해 다른 사람들에게도 부자가 되는 길을 몸소 보여주고, 진정한 삶을 원하는 열망과 그것을 달성할 수 있다는 믿음과 이루고야 말겠다는 목적의식을 갖게 할 수 있다.

그러나 지금으로서는 정부 체제나 자본주의나 경쟁적인 산업 체계가 당신을 부자로 만들지 못하는 것이 아님을 인지하는 것만으로도 충분하다. 창조력을 발휘하기 시작하면 이 모든 것을 넘어 다른 세계로 들어설 수 있다.

중요한 것은 창조적인 생각을 유지하는 것이다. 부의 공급이 한정되어 있다고 생각하거나 경쟁심에 빠져 행동하는 것을 주의하라.

고루한 사고에 빠질 때마다 곧바로 알아차리고 행동을 바로잡아라. 경쟁적인 마음에 빠지면 만물을 관장하는 신과의 협력을 놓치고 만다.

미래의 위기에 어떻게 대처할지 고민하느라 시간을 허비하지 마라. 그 일이 오늘의 행동에 영향을 미치지 않는 한, 시간 낭비에 불과하다. 오늘 할 일을 완벽하게 성공적으로 하는 것이 가장 중요하다. 내일 발생할지도 모르는 긴급 상황은 그 일이 닥치면 해결하라.

사업상 발생할 수 있는 장애물을 어떻게 극복할지도 미리 걱정하지 마라. 당장 오늘 조치를 취해야만 해결되는 문제가 아니라면 앞서 걱정할 필요는 없다.

멀리서 보면 넘지 못할 장애물처럼 보이더라도, 특정한 방식을 따라 계속 나아가다 보면 가까이 접근할수록 장애물은 사라질 것이다. 설령 장애물이 그대로 있더라도 극복하거나 우회할 방법을 찾게 될 것이다.

정확하게 과학적 방법을 따르며 부자가 되기 위해 노력하는 사람은 어떤 상황이 닥쳐도 실패하지 않는다. 이 법칙을 따르는 한, 부를 손에 넣는 것은 2 곱하기 2는 반드시 4가 되는 것처럼 확실하다.

미래에 닥칠지도 모르는 재해, 장애물, 공포심을 비롯한 여러 불리한 환경에 대해서도 불안해하지 마라. 실제로 그 일이 일어나면 대처할 시간은 충분히 있을 것이다. 어떤 어려움이 와도 극복할 방법이 있다는 것을 명심하라.

내뱉는 말을 조심하라. 자신을 비롯해 관련된 어떤 일에 대해서도 낙담하거나 비관적인 말을 하지 마라.

실패할 수도 있다는 것을 인정하거나 실패를 암시하는 어떤 말도 하지 마라.

시기가 어렵다거나 업계 상황이 불확실하다고 말하지 마라. 시장에서 경쟁하려고 하는 사람은 어려운 시기와 상황에 부딪힐 수 있지만, 당신에게는 절대 그런 일이 일어나지 않는다. 당신은 원하는 것을 창조할 수 있고 두려움을 극복할 수 있다.

다른 사람들이 힘든 시기를 겪으며 어렵게 사업을 꾸려가더라도 당신은 큰 기회를 찾을 수 있을 것이다.

세상을 나날이 성장하고 발전하는 존재라고 생각하라. 눈에 보이는 악조건은 사소한 것이라 여길 수 있도록 자신을 훈련하라. 언제나 성장과 발전에 관해 이야기하라. 그렇게 하지 않으면 자신의 믿음을 부인하는 것이고 결국 믿음을 잃게 된다.

절대 실망하지 마라. 원하는 것을 어떤 시기에 받기를 기대했지만 얻지 못했다면 당장은 실패한 것처럼 느낄 수 있다.

하지만 확고한 믿음을 가지면 실패는 그저 표면상의 문제에 불과하다는 것을 알게 된다. 특정한 방식을 계속 따르라. 원하는 것을 받지 못했다면 머지않아 훨씬 더 좋은 것을 받게 될 것이다. 겉보기에 실패였던 것이 사실은 진정한 성공임을 깨닫게 될 것이다.

부자가 되는 과학을 배웠던 한 사람의 사례를 살펴보자.

그는 당시에는 매우 그럴듯해 보였던 사업을 하려고 마음 먹었고 몇 주 동안 그 일을 위해 열심히 노력했다. 하지만 결정적인 시기가 왔을 때 전혀 이해할 수 없는 이유로 그 일은 완전히 실패하고 말았다. 마치 보이지 않는 어떤 영향력이 남몰래 그 일을 방해하는 것처럼 보였다. 하지만 그는 실망하지 않았다. 기회가 무산된 것에 대해서도 신에게 감사했다. 계속 감사하는 마음으로 꾸준히 할 일을 했다. 몇 주가 지나자 첫 번째 기회와 비교할 수 없을 정도로 더 좋은 기회가 찾아왔다. 그는 더 많은 것을 아는 절대적인 존재가 사소한 일에 얽매이는 것을 막고 더 큰 기회를 줬다는 사실을 깨달았다.

확고한 믿음과 목적을 갖고 감사한 마음을 표현하며 매일 그날 할 수 있는 모든 일을 성공적으로 수행한다면, 외견상 실패처럼 보일지라도 결국 당신에게 좋은 기회가 찾아올 것이다.

실패했다면 충분히 요구하지 않았기 때문이다. 낙담하지 말고 계속 요구하라. 그러면 원하는 것보다 더 좋은 것이 꼭 찾아올 것임을 기억하라.

원하는 일을 하기 위한 재능이 충분하지 않다고 해서

실패하는 일은 없다. 책에서 제시한 방법을 따르면 하고 싶은 일에 필요한 어떤 재능이든 계발할 수 있다.

재능을 계발하는 과학에 관한 내용은 이 책의 범위를 벗어났지만, 그 방법 역시 부자가 되는 과학만큼이나 확실하고 간단하다.

어떤 상황에서도 능력이 부족하다는 이유로 실패할 것을 두려워하지 마라. 그 두려움으로 주저하거나 흔들려서도 안 된다. 계속 정진하여 그 상황에 직면하면 필요한 능력을 갖출 수 있을 것이다. 제대로 된 교육을 받지 못했던 링컨이 역사상 최고로 위대한 업적을 이룬 대통령으로서 갖췄던 능력을 떠올려보라. 그 능력의 원천이 당신에게도 열려 있다. 당신이 맡은 책임을 다하기 위해 가능한 모든 지혜의 힘을 이용하라. 확고한 믿음으로 계속 나아가라.

이 책을 공부하라. 책에 담긴 모든 지침을 완전히 숙달할 때까지 항상 책을 곁에 두고 공부하라. 책의 내용을 확실히 이해하고 믿기 전에는 여가활동과 즐거움을 잠시 제쳐둬라. 또 이 책의 내용과 상반된 강연이나 설교는 피하라. 비관적이거나 책의 내용과 상충하는 글을 읽거나 그 문제에 대해 논쟁하지 마라. 여가 시간에는 원하는 것에 대

한 마음속 이미지를 생각하고, 감사하는 마음을 기르고,
이 책을 읽으며 보내라. 이 책은 부자가 되는 과학에 대한
모든 내용을 담고 있다. 마지막으로 다음 장에서 핵심을
살펴보자.

제17장

부자가 되는
과학의 핵심

만물을 창조한 생각하는 물질이 있다. 이 물질은 우주의 모든 공간에 스며들고, 침투하며, 우주를 가득 채운다.

이 물질 속에 생각이 깃들면 그 생각은 상상한 대로 형상을 창조한다.

사람은 생각으로 사물을 만들어낼 수 있다. 생각한 형상을 무형 물질에 각인시켜 생각한 것을 창조할 수 있다.

이를 실현하려면 경쟁적인 마음에서 창조적인 마음으

로 전환해야 한다. 그렇지 않으면 항상 창조적이고 절대 경쟁하지 않는 무형의 지성 물질과 조화를 이룰 수 없다.

무형의 근원 물질이 주는 축복에 대해 진심 어린 감사의 마음을 가짐으로써 이 물질과 완벽한 조화를 이룰 수 있다. 감사하는 마음은 인간의 마음과 무형 물질을 하나로 결합시켜 우리의 생각이 무형 물질에 각인되도록 만든다. 인간은 깊이 있고 지속적인 감사하는 마음을 통해 무형의 지성 물질과 자신을 하나로 결합함으로써 창조 세계에 머물 수 있다.

우리는 마음속에 갖고 싶은 것, 하고 싶은 것, 되고 싶은 것에 대한 선명하고 확실한 이미지를 그려야 한다. 이 이미지를 마음에 새기고 모든 소망을 이루어주는 신에게 깊이 감사하는 마음을 가진다. 부자가 되고 싶은 사람이라면 여가 시간이 생길 때마다 마음속에 새긴 이미지를 생각하고, 소망이 현실로 실현되는 것에 진심으로 감사해야 한다. 흔들리지 않는 믿음과 깊이 감사하는 마음으로 그 이미지를 자주 생각하는 것은 아무리 강조해도 지나치지 않다. 이것이 바로 무형 물질에 우리의 생각을 각인시켜 창조적인 힘을 작용하게 하는 과정이다.

창조 에너지는 기존의 자연적인 성장 경로와 산업 및 사회적 질서를 통해 작용한다. 확고한 믿음을 가지고 앞에서 제시한 지침을 따르는 사람은 마음속에 그린 이미지대로 분명 원하는 모든 것을 얻게 될 것이다. 기존의 무역이나 상업적인 방식을 통해 원하는 것이 찾아올 것이다.

원하는 것이 실제로 왔을 때 제대로 받고 싶다면 적극적으로 행동해야 한다. 이 행동은 자신의 현재 위치를 뛰어넘는 능력을 발휘하는 것을 의미한다. 먼저 마음속에 새긴 이미지를 실현하여 반드시 부자가 되겠다는 강력한 목적의식을 품어야 한다. 그리고 매일 그날 할 수 있는 모든 일을 성공적으로 마쳐라. 모든 사람에게 자신이 받는 현금 가치보다 더 많은 이용 가치를 되돌려줘라. 그래야만 모든 거래가 더 풍요로운 삶을 가져온다. 항상 발전하고 있다는 생각을 품고 주변의 모든 사람에게도 성장하고 발전하고 있다는 인상을 전달해야 한다.

앞서 제시한 지침을 실천하는 모든 사람은 분명 부자가 될 것이다. 그들이 받는 부의 크기는 명확한 소망의 이미지, 확고한 목적의식, 굳건한 신념과 감사하는 마음에 따라 달라질 것이다.